WAC BUNKO

資産形成も防衛も

やはり金《GOLD》だ

JN120819

増田悦佐

WAC

はじめに

この本は、現在多少でも余裕資金を持っていらっしゃる方々は、迷わずその資金を金現物の購入に回されるべきだろうと主張するために書きました。

世界中で実体経済の停滞、低迷にもかかわらず、株価は順調に上がりすぎています。アメリカの株式市場を代表するS&P500株価指数で言いますと、2021年1月初旬の3700ドル近辺という水準は、とんでもない高さです。ふつう大暴落のメドは60パーセントの下げとされています。でも、S&P500はここから60パーセント下げても、ハイテク・バブルのピークやサブプライムローン・バブルのピークの水準まで下がるだけなのです。もし、このふたつのバブル後の底値まで下げるとしたら、現状から80パーセント下げなければならないのです。

今なお破られていない日経平均の大天井、1989年の大納会の3万8900円から、2003年の世に言う「ソニーショック」の7600円までの下げが、80パーセント強でした。一方、アメリカ経済はニューヨーク州やカリフォルニア州といった全米経済を牽引《けんいん》する州で、コロナ禍への過剰反応でサービス業が深刻な落ちこみを余儀なくされています。トランプ派対反トランプ派の街頭デモなどでの衝突も多く、世相は荒れています。日本のバブル崩壊よりもっと大きな暴落があっても不思議ではありません。

２０１２年末から２０１３年末までの1年間で60パーセントも上昇した「アベノミクス」相場から２０１８年までは、良くも悪くも大きな変動のない安定性が日経平均の強みでした。ところが、２０１９年は18パーセントの上昇、２０２０年は16パーセントの上昇と、2年続けて10パーセント台後半の値上がりが続き、2年間の累計では、なんと37パーセントも上がっていました。日本もまた、こんなに株価が上がるほど景気が良かったとお思いの方はほとんどいらっしゃらないでしょう。

日米とも、間違いなく今後6~7年のうちに、大暴落が来ると思います。そのとき、資産価値を維持するためにもっとも頼りになるのは、金を現物で持つことだというのが、この本でいちばん力説したかった要点です。

第1章はなぜ金なのか、金は他のあらゆる金属とどこが違うのかを中心に、よもやま話的な語り口で、興味をお持ちいただこうとしました。結局のところ、金の魅力の大部分は、ぐうたらで薄情な物理特性に発しています。同時に、金の物理特性は貨幣として人から人へと渡り歩くことへの適性が抜群であることも意味します。

私は今後少なくとも6~7年、おそらくそれ以上の期間にわたって金の資産価値は安定していると信じています。ですが、唯一の不安要因は、金本位制の名のもとに、金の固定相場制が再導入されることだとも思っています。つまり、あまりにも素材として貨幣に適しているゆえに、金の価格が貨幣として固定されてしまったら、インフレの到来とともに金の資産価値は目減りしてしまうということです。

第2章では、なぜ少なくとも今後6~7年は資産拡大より資産防衛を心がけるべき時期なのかをご説明します。

私は、そもそも投資という経済活動があまりにも過大評価されていると思います。その理由を「投資に3つの落とし穴」という観点からまとめてみました。それは、時間の経過であり、代理人リスクであり、取引相手リスクです。

金現物は、ほとんど時間の経過によって腐食しないだけではなく、代理人リスクも取引相手リスクも無縁の資産だからこそ、拡大より防衛を心がけるべき時代に最適の資産なのです。

さらに、これから6~7年は、20世紀末に経済全体が製造業主導からサービス業主導に変わって本来投資の役割が縮小すべきであったにもかかわらず、日本以外の先進諸国では縮小していないことが、経済全体に大きなゆがみをもたらしていると主張します。

また、ビットコインをはじめとする暗号通貨は、国民の経済行動を逐一監視しようとする政府・中央銀行の野望を打ち砕くための道具として出現したのではないかという議論を展開します。ビットコインは、さまざまな意味で時代の要請に応えて登場した、まったく新しいかたちの貨幣です。高度に人工的な貨幣でありながら、ふつうなら人工性が強まるほど大きくなる取引相手リスクを巧みに回避する仕組みを持っています。

世界各国がますます統制経済の色彩を強めてしまうのか、自由競争の市場経済を取り戻せるのかは、ビットコインが定着するか否かにかかっているとさえ言えるでしょう。

第３章では、金山《きんざん》株、金山株上場投信（ＥＴＦ）、金地金《きんじかね》を根拠資産とする上場投資証券（ＥＴＮ）といった金類似金融商品は、決して金現物の代用品にはならないこと、それはなぜなのかを歴史的経緯に沿ってご説明します。

案外皆さんご存じない事実ですが、アメリカ国民は１９３０年代半ばから１９７０年代半ばまで40年以上、金の保有、取引、輸出入を全面的に禁じられておりました。アメリカの投資家たちが今もなお、投資対象としての金に及び腰なのも、金の周辺に位置する金融商品に一抹のうさんくささが感じられるのも、金が長期にわたって禁断の金融商品だった歴史に負うところが大きいのではないかと思います。

中にはうさん臭いどころか明らかな欠陥商品、あるいは詐欺商品と思われるものもあります。そのへんについてはやや詳しく解説させていただきました。読者の皆さんのご注意を喚起しなければ危険だと思ったからです。

第4章では、資産防衛のための道具として、金現物に変わりうるものがあるとすれば、それは日本円か、ビットコインだという議論を展開します。「米ドルの金兌換《だかん》停止」宣言後、唯一日本円と同様の価値保全能力を発揮したスイスフランは、外貨を持つこと一般の難点に加えて、今後スイス経済が経験するであろう激動の中で、資産価値が暴落する危険が大きいからです。

また、第4章の後半では、金現物を蓄積する場合の実際的な注意事項を列挙させていただきました。ご参考になれば幸いです。

第5章では、金現物の蓄積を考える資金的余裕のない方々に、人的資本の充実、つまり労働力、消費力の向上に投資されることをお勧めします。学校制度の枠内でできることより、その枠を超えたところで広大な海原《ブルーオーシャン》が広がっており、そこに飛びこむために必要なのは、自分の能力や適性に枠をはめないことだという結論が出そうです。

資産形成も防衛も やはり金《きん》だ

目次

金本位制復活で金融・経済の諸問題は解決するだろうか
資産の砂時計をご存じですか
一般論ではボラティリティが低いほど「安全」だが
金は特殊な値動きをする商品だ

第2章 今後6～7年は資産防衛に徹しよう

投資には3つの落とし穴が、いちばん怖いのは時間
2つめの落とし穴は代理人リスク
3つ目の落とし穴は取引相手リスク
株は長期投資には向かない金融資産だ
貨幣の三角形に大異変が起きている
ビットコインの出現は、金融史に残る大事件だ
商品の三角形にも地味な異変が起きている

装幀／須川貴弘（ＷＡＣ装幀室）
図表作成／メディアネット

第1章

金だけが永遠の輝きを放つ

恋っていったい何なの

ジャズのスタンダードナンバーに『恋とはどんなものでしょう（What Is This Thing Called Love?）』という曲があります。名作というほどではありませんが、エラ・フィッツジェラルドとか、ビリー・ホリデイとか、そうそうたる女性ヴォーカリストたちが好んで歌った曲です。ただ、作詞・作曲ともコール・ポーターの曲共通の難点として、「やみくもな熱情に駆られた状態のはずなのに、ちょっと理屈っぽすぎる。この人、ほんとに恋をしたことがあるの？　と首をひねりたくなる歌詞がついている」とけなす人もいます。

恋っていったいなんなの？
この恋と呼ばれるへんちくりんなものは
いったいだれが、この謎を解けるのでしょう？
なぜこんなもののせいで
私がコケにされなきゃいけないの？

あるすばらしい日に、私はあなたと出会った
あなたは私のハートをわしづかみにして
そして、ポイと捨てちゃった
だから天の神様に、私は訊かずにいられないの
恋っていったいなんなのって

どんなにすばらしい日に出会ったか知らないけど、かんじんの「あなた」の素敵さをひとことも教えてくれなきゃ、なぜ振られちゃったのかもわからない。これじゃ感情移入のしようがないよということで、評論家のランキングも低いし、理屈っぽい男性ヴォーカリストはあまり歌いたがらない曲です。でも、頭より心で歌う女性ヴォーカリストはせつせつと情感をこめて歌いあげ、あんまり理屈をこねない大衆もとくに違和感なく聴きこなします。

さて、お話変わりまして、金とはいったいなんでしょう。じつはここにも、逆説があります。理屈っぽい人ほど「金固有の価値」とか「金の本源的な価値」といった表現に拒絶反応を示します。でも、大衆はごちゃごちゃ文句を言わずにすなおに受け入れ、結局は大衆の評価のほうが正しかったということになるのです。

金とは、人によっては、恋以上にやみくもな情熱を掻き立ててくれるもののようです。コロンブスがインドへの西回り航路を発見しようとし、その途中でジパングという黄金溢れる伝説の島になにがなんでも押しかけようとしたのも、エルナン・コルテスがアステカ帝国を攻め滅ぼしたのも、フランシスコ・ピサロがインカ帝国を征服したのも、莫大な量の金を奪い取ることができると思ったからでした。

もちろん、金のほうにも、人間をこれだけ熱狂させるだけの素質がありました。1876年に、すでに引退していたドイツの元実業家ハインリヒ・シュリーマンが、ミケーネの遺跡発掘中に、トロイ戦争で活躍したギリシャ軍側の知将、アガメムノンの遺体にかぶせたマスクだと自分では確信していた仮面を発見しました。そのとき、3000年以上も前につくられていたこのマスクは、泥をぬぐっただけで華やかな黄金の輝きを取り戻したそうです。

のちにこのマスクの製作年代は、ホメロスが二大長編叙事詩、『イーリアス』と『オデュッセイア』で歌いあげたトロイ戦争の時代とはかなり違っていたことがわかりました。そもそも実在していたかどうかも疑わしいアガメムノンという人物の遺体にかぶせられたものでないことは、明白です。ですが、この発見によって、ほぼ同時期にクレタ島で栄えたミノア文明と、ギリシャ本土ペロポネソス半島のミケーネ中心に栄えたミケーネ文明に関する研究が急速に進んだことも事実です。

１９２３年にエジプトの王家の谷で、王《ファラオ》だったツタンカーメンの墳墓の一室が開かれたときも、同じような光景がくり広げられました。約３５００年前に葬られたツタンカーメン王のミイラの頭部にかぶせられていた黄金のマスクは、まるで昨日仕上げられたばかりのように燦然と輝いていたと言います。シュリーマンはしろうと考古学者、ツタンカーメンのマスクを発見したハワード・カーターは考古学の専門家という違いはありますが、どちらも黄金の輝きに導かれて大発見をし、その後の考古学の発展を大いに促したことに疑問の余地はありません。

江戸時代も後期の１７８４年、現在の福岡県に当たる筑前の国、博多湾に位置する志賀島で、農作業中の地元民が金でできたはんこを掘り当てて、代々藩主を務めていた黒田家に献上しました。「漢委奴国王《かんのわのなのこくおう》」と彫りこまれたこの印も、土を払っただけで金色の輝きを見せたからこそ、すぐに宝物とわかったわけです。

この国王印は、じつに西暦57年という早い時期に漢の皇帝が倭国の使者に下げ渡したというたしかな文献記録と符合しました。ですから、日本にはこの時期にすでに国家と呼べるような政治体制が成立していたことを示す有力な証拠とされています。

もし、この国王印が金以外の何かほかの金属を使って作られていたら、どうでしょうか。

そこらにいくらでも転がっている土くれと区別がつかないほど腐食していたでしょう。ということい貴重な財宝とは思われず、そのへんに放り捨てられていたかもしれません。そうなっていたら、その後もずっと、日本に国家が成立した時期は実際より200〜300年も後と推定されつづけていた可能性もあります。

ダイヤモンドは燃えたら灰になる

どんなに長いあいだ地中に眠りつづけていたとしても、純度の高い金は掘り出され、泥やほこりをぬぐい取った瞬間から光り輝きます。これは、地球上に存在するさまざまな金属の中で、金だけがまったくと言っていいほど酸化しないからこそ持ちあわせている貴重な性質なのです。

貧しいイギリス家庭に生まれたセシル・ローズという野心家が、英領南アフリカにわたって、ダイヤモンド鉱山で文字どおり一山当てて、デビアスというダイヤモンド採掘企業を設立しました。この会社は、ローズの死後事業を継承したユダヤ系ドイツ人オッペンハイマー家のもとで、ダイヤモンド供給の一大カルテルにのし上がります。そのころ、デビアス社が採用した秀逸なキャッチコピーが、「ダイヤモンドは永遠の輝き」でした。

ところが、ダイヤモンドは永遠の輝きを持ちません。もともと地球上にまさに掃いて捨てるほど存在する炭素という元素がたまたま縦にも横にも奥行き方向にも均等に結晶したのがダイヤモンドです。透明に光り輝くので、どこにでもある炭や石炭などとはまったく違う物質に見えます。ところが、もとは炭素ですから、比較的かんたんに燃えてしまいます。摂氏3000度強で、燃え始めます。ふつうの家が火事になっても3000度程度の熱は出ます。とくに石油化学製品などの建材をあちこちに使って燃焼効率のよくなっている最近建てた家なら、ほぼ確実に燃え尽きるでしょう。

燃え尽きたあとに何が残るでしょうか。炭や石炭を燃やしたあととまったく同じ、炭素の粉だけです。

また、超硬合金などの加工には刃先を人工ダイヤモンドにした工具を使うことから、ダイヤモンドは硬くて頑丈だと思われがちです。ところが、結晶にちょっとしたゆがみやひずみのあるダイヤモンドは、わずかな圧力を加えられただけでも、そのゆがみやひずみにそって、完全に割れてしまったり、亀裂が入ったり、いびつになったりします。

割れたり、亀裂が入ったりしたダイヤモンドの鑑定価格は当然暴落します。気づきにくいのは、ほんの少しいびつになったダイヤモンドの価値もまた大幅に下がることです。多くのダイヤモンドが、入射角・反射角を計算しつくした多面体にカットされることで、きらびやかな輝きを得ています。この華やかさは、ダイヤモンド自体に肉眼では気づかないほどわずかな変形が生じても、計算どおりには再現できなくなり、当然鑑定価格は大きく下がってしまいます。

こうして見てくると、ダイヤモンドの輝きは永遠どころか、じつにはかないものだとわかります。「資産防衛には、金よりダイヤモンドのほうが適している」と主張する本も出回っています。ですが、ダイヤモンドのように価値の移ろいやすいものに、自分が長年にわたって蓄積してきた富を守る役割を担ってもらうのは、あまり得策とは言えないでしょう。

金以外で貴金属としてよく知られているグループに、銀、プラチナ、パラジウムなどがあります。プラチナとパラジウムは、あまりおなじみのないルテニウム、オスミウム、イリジウムなどと一緒に、白金族と呼ばれることもあります。プラチナの別名が白金となっていることでもおわかりのように、これらの貴金属は精錬された直後には白に近い明るい灰色で光り輝きます。

でも、これらの金属、中でも銀は空気にさらしておくと徐々に黒ずみ、輝きを失ってしまいます。ですから、たとえば家宝のように大切に親子代々持ちつづけてきた銀食器などは、もしきらきら輝いているとしたら定期的に磨きこんであるはずです。当然、磨き上げるたびに、少しずつ酸化して黒ずんだ部分をこそぎ落としていくわけですから、その分軽くなります。それでは目減りを防ぐために、ずっと黒ずんだまま放置しておけばいいのかというとことになると、そうはいかないのが銀の困ったところです。

表面の黒ずんだ酸化銀には、内側の純度の高い銀を守ってくれる性質がほとんどありません。ですから、もう何十年も表面が黒ずんだままましまっておいた銀を取り出して一世一代の大宴会で磨き上げて使おうとしたら、磨いても磨いても、黒ずんだ酸化銀のままだったといった悲惨な話になりかねません。逆に、表面を美しく保つために何百年も磨きつづけていたら、最後に残ったのは酸化銀の屑だけだったということもありえます。

プラチナも銀ほどではありませんが、表面が酸化します。白金ということばどおりのまっ白に近い輝きから、だんだんくすんで鈍い灰色に変わっていきます。パラジウムなどその他の白金族の金属もやはり、時間の経過とともに白に近い灰色から濃い灰色に変わり、輝きの華やかさは失われていきます。

その点ではむしろ、あまり貴金属というイメージはない銅のほうが、ずっと優れた性質を持っています。銅と錫《すず》の合金、青銅《ブロンズ》が精錬直後は赤みがかったピンクに輝いているけれども、ときが経つにつれて緑色に変色することはご存じと思います。じつは純度の高い銅も、同じように時間の経過とともに酸化して表面が緑色に変わります。ですが、銅は銀と違って、表面に形成された酸化銅の膜が、内側の純粋な銅を守ってくれるのです。

ですから、純粋な銅地金をなるべく長期間目減りさせずに持っていようとするなら、表面が緑色の酸化銅で覆われたままにしておくのが、いちばん上手な保存法ということになります。ただ、銅地金そのものが、金や銀に比べれば非常にお安くなっています。おまけに、まだ地中に埋蔵されていて、あまり多額の費用をかけずに採掘から精錬までの工程を経て市場に出荷できる銅鉱石の量もかなり多いと推定されています。ですから、銅地金を溜めこむこと自体が、あまりお勧めできる資産の保存法とは言えません。

結論として、「永遠の輝き」というたったひとつの特徴を抜き出して検討しただけでも、地球上に金を超えたり、金に匹敵したりする物質は存在しないと言い切れそうです。それでもなお、「金なんて、きらきら光ってきれいな石ころに過ぎないよ」とおっしゃる方もいらっしゃいます。

ですが、金の物理的特性は決して「キラキラ光ってきれい」なことだけではありません。

金は物理的な特性がこんなにすごい

なんと言っても、最大の特徴は柔らかいことでしょう。ダイヤモンドが10、つるつる滑る滑石が1とする「モースの硬さ表」という物差しで比べると、金は2・5、銀は2・7、そして銅が3・0です。硬さ2・5とはどのくらい柔らかいのかと言いますと、人間の爪で溝を掘ることはできないけど、引っかき傷はつけられるほど柔らかいのだそうです。

地球上では常温で液体として存在する水銀以外では、金がいちばん柔らかい金属ではないでしょうか。柔らかいことの最大の利点は、加工のしやすさです。金属を細い線として伸ばしていくと、どのくらい伸びるかを延性と呼びます。また、平たくつぶしていったら、どれくらい広がるかを展性と呼びます。金は延性でも展性でも群を抜いています。1グラムの金を細い糸として伸ばしていくと3000メートルに達します！　平たく伸ばしたときには、1平方メートルを超えます！

1グラムが1平方メートル以上に広がると言っても、どんなに薄く伸びるのか、実感が湧かないかもしれません。水なら1グラムは1立方センチなので、それなりに大きなものですが、金の比重は19・5、つまり水より20倍近く重いので、金1グラムは縦横2ミリずつ、奥行き5ミリのほんとに小さな棒に過ぎないのです、それが1平方メートル以上に広がるわけですから、どんなに薄くなるかご想像いただけると思います。

「でも、それって結局、金糸や金箔を使って少ない材料できらきら輝くものをいっぱい造れるってだけのことでしょ」とおっしゃるかもしれません。まったく違います。これは、金にかぎらずたいていの金属に共通する特性ですが、金属は光を反射する性質と非常に薄く平らに広げることができる性質の合わせ技で、ひょっとすると人類を滅亡から救うほどの大仕事ができるのです。この光を反

　もう初期の熱狂は冷めましたが、昔、人類の月面歩行の映像が送られるたびにテレビにかじりついて見ていたとおっしゃる方も多いのではないでしょうか。当時の映像で、宇宙服のヘルメットの正面の窓の部分が、時々きらっと光ったのを覚えていらっしゃる方もおいでかもしれません。なぜきらきら光っていたか、ご存じでしょうか。あれは、地球上よりはるかに薄い大気の中で、直接当たったら有害な光線を反射させてよけるために、窓を非常に薄い金箔で裏打ちしていたからなのです。

　光を反射する金属なら何を使ってもよさそうなものですが、ほとんど視界を遮《さえぎ》らないほど薄く伸ばしても、裂けも破れもせず、ちゃんと光を跳ね返してくれるのは、超薄仕様の金箔しかなかったわけです。まだまだ当分は、人類の大多数が月世界旅行に行くわけではないでしょう。今すぐこの事実にどの程度の実用性があるかとお尋ねがあれば、「ありません」と答えるのが正直なところです。

　ですが、この事実には、人類だけではなく地球上の動植物にとって深刻な危機を未然に防ぐ切り札となる可能性がひそんでいます。もう20～30年ほど前でしょうか。「オゾンホー

ル危機」説が、かなりセンセーショナルに自然科学雑誌などで取り上げられました。かいつまんで言えば、「地球を覆っているオゾン層に大きな穴が開き、しかもその穴は確実に広がりつづけている。今までは太陽熱の直接的すぎる輻射《ふくしゃ》や有害宇宙線からオゾン層によって守られていた地球上の動植物が、絶滅の危機にさらされる」という主張でした。

地球の危機と言えば、決まって温暖化が持ち出される昨今は、不思議なくらいオゾンホール問題が語られることがなくなりました。ですが、まったくあり得ない話ではなさそうです。また、実際に勃発したときの被害は、じわじわ大気中の二酸化炭素量が増えて、やがて温暖化による海面上昇で水中に没する島嶼《とうしょ》国家が出てくるといった話より、ずっと緊急な対策を要する事態になるでしょう。

熱すぎる太陽輻射熱や有害宇宙線を避けて人類や動植物が暮らしていくには、視界をほとんど遮らないほどの超薄仕様の金箔で裏打ちした巨大な透明ドームの中に住むという手が有効かもしれません。少なくとも、月面歩行ではその実用性を立証しているわけですから。建築技術的にも、不可能ということはなさそうです。

まあ、オゾンホールの拡大は、起きるかもしれないし、起きないかもしれない異常事態です。備えがないよりはあったほうがいい程度のことかもしれません。でも、太陽の黒点活動が旺盛なときには太陽面爆発（solar flare）がひんぱんに起きて、地球に届く太陽光線も輻射熱も上がり、地磁気の嵐も起きやすくなります。これは約11年を1周期とする太陽黒点活動のサイクルの中で、全体として黒点活動が盛んなサイクルのピークでは確実にやって来ることです。

地上に届く太陽光線・輻射熱が非常に強まり、その結果としての地磁気嵐がひんぱんに起きると影響が大きくなりそうなのは、人間をはじめとする動植物の大勢住んでいるところ、送電鉄塔、地上波デジタルや携帯通話用の電波塔、原油や天然ガスを送るパイプラインなどです。送電鉄塔や電波塔はほかの手を考える必要があるでしょうが、それ以外のところは薄い金箔で裏打ちした透明ドームで覆うのが有効な対策になるかもしれません。

柔らかさ、加工しやすさに続く金の物理特性は、熱伝導性も、電気伝導性もずば抜けて高いことです。熱伝導性のほうは、銅もかなり高いし、そもそも1秒の1000分の1とか1万分の1とかを争う用途はほとんどないので、あまり実用的な意味はありません。ですが、集積回路（IC）などで膨大な数のスイッチを入れたり切ったりするときには、作動のほんの小さなスピードの差が、積もり積もって大きな演算能力差につながります。

ですから、本来であればIC内の金属パーツは全部金にしたいところなのですが、なにぶん金はお値段が高すぎます。そこで、他の部分は安上がりな金属を使って、接点部分だけを金にするという仕様が一般化しています。ICの接点だけなら約95パーセントがほんの小さな金の膜で覆われています。

また、人工衛星や宇宙探査機から送られてくる微弱《びじゃく》な信号を何十億倍にも増幅して解読するために使うICの接点には、ふつうのICよりはるかに多くの金を使っているそうです。何十億倍にも増幅するとなると、ICを通っているあいだのほんのわずかな歪みが、回路自体を破壊してしまうほど狂暴な乱高下になるからです。

世界的な金山の低品位化は日本のチャンス

このICの接点部分に使われているごく少量の金にも、「チリも積もれば山となる」を地で行く興味深い話があります。大量の携帯電話機の廃品からうまく抽出することができれば、想像以上に価値のある資源再利用につながるのです。具体的にご説明しますと、携帯電話機の廃品1トンから抽出できるはずの金の重量は約150グラムに達します。「なんだ、たった150グラムか」とがっかりされた方は、最近の金山経営がどんなに品位の低い金鉱石を相手に悪戦苦闘しているかをご存じないのでしょう。

品位とは、鉱石1トン当たり何グラムの金が取れるかを示す数値で、例えば品位10と言えば、1トンの金鉱石から10グラムの金が取れることを意味します。「えっ、そんなに少

図1 主要金産出国の金鉱石品位推移〈1830~2010年〉

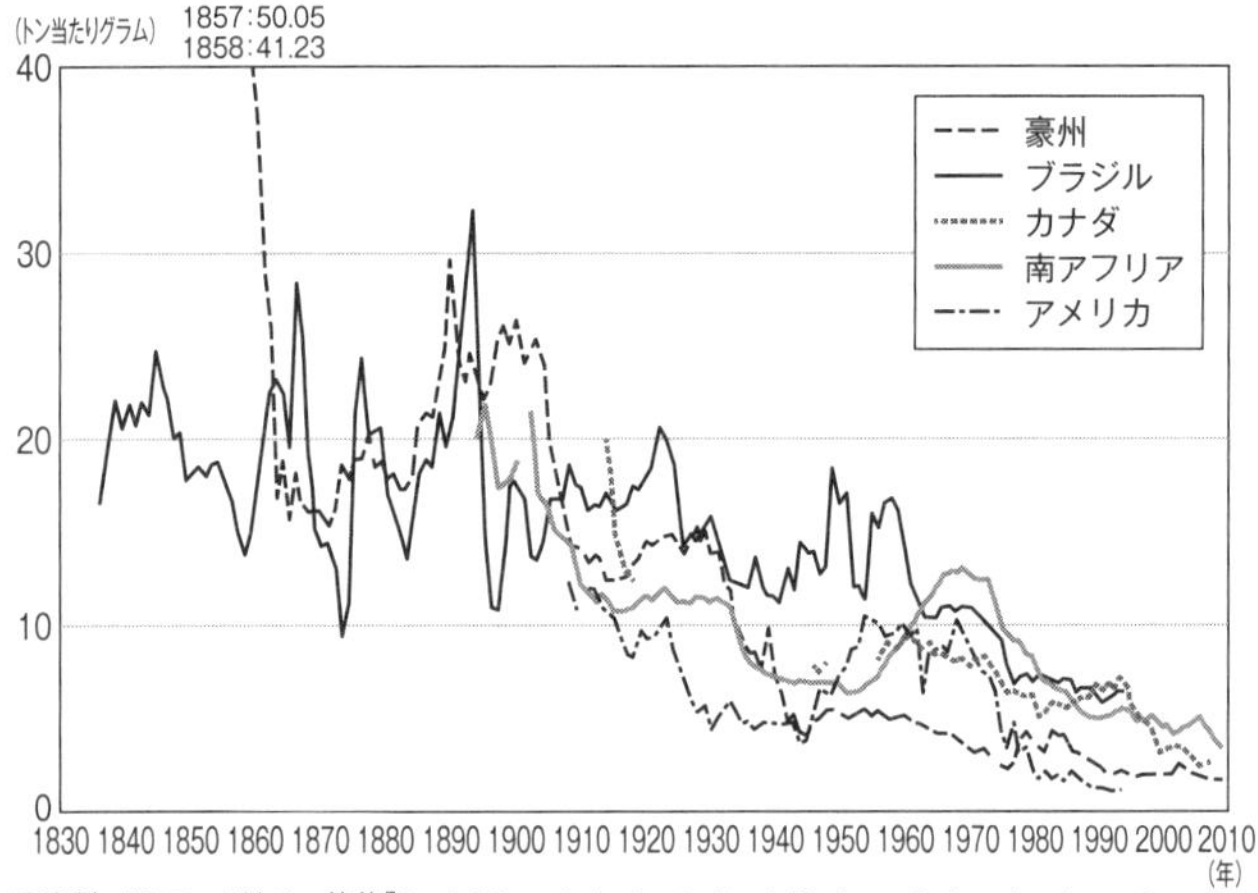

原資料:ダミアン・ギウルコ他著『Peak Minerals in Australia: A Review of changing impacts and benefits』(2010)
出所:ウェブサイト『Seeking α』、2018年6月20日のエントリーより引用

しか取れなくて商売になるの？」と思われるかもしれません。図1のグラフをご覧ください。

現在主要な産金国の中で、いちばん品位が高い南アフリカでも平均品位は4ぐらいにとどまります。カナダとオーストラリアは2～3、アメリカにいたっては、1に達しないほど低品位の金山ばかりになっているのです。2007年に世界第1位の金産出国になり、その後も首位の座を維持しているのは、図2のグラフにも出ていますが、中国です。

中国は金山に関するくわしい情報を公表していません。ですが、アメリカ以上に品位の低い金山が多くて、そこを低賃金の労働者を大勢掻き集めて人海戦術で

図2 国別金産出量推移〈2005〜19年〉

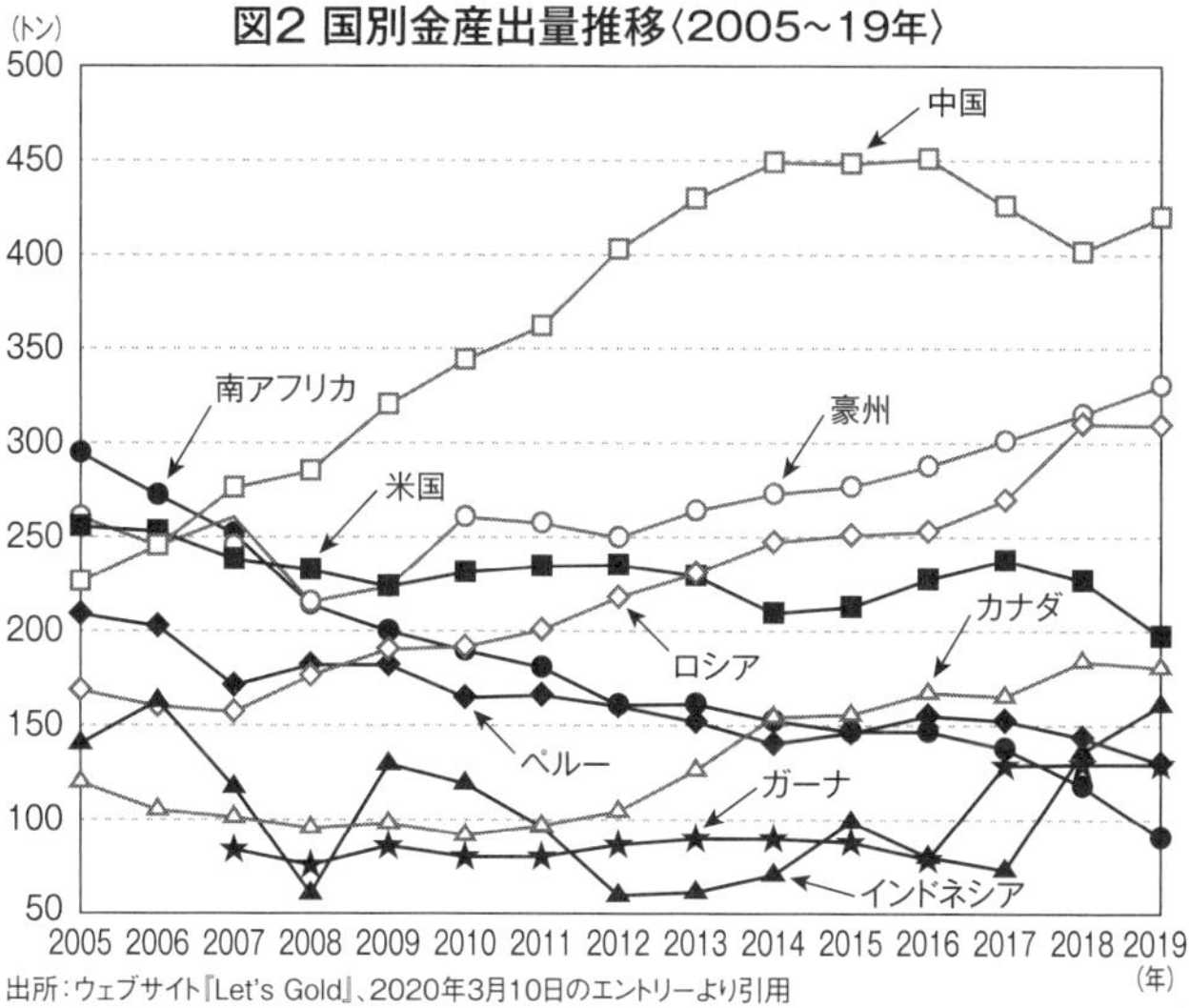

出所：ウェブサイト『Let's Gold』、2020年3月10日のエントリーより引用

大量に掘り出しているのではないかと推測されています。

世界の主要金産国の現状と比べると、日本の携帯電話機その他の電子機器の廃品の山は、すばらしい高品位金山、文字どおり宝の山と言っても過言ではありません。東京財団研究員の平沼光さんが2011年に講談社プラスα新書から『日本は世界一位の金属資源大国』という本を出されたのも、そういう実情をしっかり調べた上でのことだと思います。

ただ、この本にはちょっとミスリーディングなところがあります。諸外国は、相変わらず地下鉱脈を掘るにせよ、露天掘りをするにせよ、天然資源としての金属を掘り出して精錬するだけなのに、日本は都市に集積した廃品の山という「都市鉱山」から金属の回収、再生利用をするとしたら、日本が世界一の金属資源大国になるとおっしゃっているからです。

ちょっと考えると、他の国々も都市鉱山の有効利用に乗り出したら、結局日本は天然資源としての金属埋蔵量が少ない分だけ不利で、やっぱり金属資源小国に戻ってしまいそうに思えます。でも、私は都市鉱山の有効利用にかけては、日本が圧倒的に有利で世界でトップグループを走ることは間違いないと確信しています。

政府や自治体が「できるだけ資源を有効に再生利用できるように、ゴミはきちんと分別して出しましょう」と呼びかけた場合に、国民の大多数が協力するからです。日本の知識人の中には、なんでもかんでも日本のことは悪く言わないと気が済まない性分の人たちもいらっしゃるようです。こんなことまで「日本人は近代的自我を確立していないから、お上のおっしゃるとおりに従順に動いているだけだ」とお叱りになったりします。

CGアニメの名作『トイストーリー3』には、生ゴミから金属ゴミまで一緒くたに巨大なゴミ箱に放りこんで、鉄だけは磁石で拾って再生利用するけど、あとはまとめて燃やしてしまう、アメリカとしては典型的な廃品回収の場面が出てきます。日本国民が整然とゴミを分別する習慣を持っていることにさえケチをつける人たちは、どんなにいいこととわかっていてもめんどくさいことは絶対やらない人たちばかりのアメリカのようになることが、「近代的自我を確立した人たちで構成される立派な社会への進歩だ」と思っているのでしょうか。

たまたま私も、平沼さんと同じ講談社プラスα新書から『お江戸日本は世界最高のワンダーランド』という本を２０１３年に出しました。その中で、江戸時代の日本が、いかに環境にやさしくて、ほぼ完璧な資源再生利用を実現した社会だったかを描きました。布きれ１枚から人間の排泄物まで再利用できる物は何度でも再生して使い、どうにも利用できなくなった物だけを燃やすと、その灰を農家が買い取って肥料にするという社会だったのです。

日本のリサイクル志向は欧米諸国のような付け焼き刃ではなく、筋金入りです。世界中で金属資源の再生利用が本格化した時代になっても、細かく再生利用可能な資源を分別して回収し、有効利用できるかたちに再生することにかけては、間違いなく日本が諸外国をリードするでしょう。

そうなったとき、あらゆる金属の中でもっとも効率的に回収し、再生利用できるのは、おそらく金です。そう判断できるのは、金が貴金属の中の貴金属、世界でいちばん「ぐうたらで薄情」な金属だという性質を持っているからです。

ぐうたらで薄情なのが貴族です

読者の皆さんの中には、貴金属という日本語は、漢字の書き間違いではないかとお思いの方がいらっしゃるのではないでしょうか。レアメタルとか、プレシャスメタルとかの英語を翻訳するときに、本来稀な、とか希少性が高いとかの意味で「稀金属」とか「希金属」とか書くべきところを、間違えて貴金属と書いてしまったまま、その間違いが定着したのだろうというわけです。

ご安心ください。これは漢字の書き間違いや、ワープロの誤変換ではありません。英語にもノーブルメタル（貴族的な金属）という表現があって、それをまさに直訳したものなのです。また、貴金属が貴族的な金属と呼ばれるようになったわけは、金や銀は貴族が好んで集めるものだったからという連想でもありません。金や銀をノーブルメタルと呼んだのは、どちらも不活性だったからなのだそうです。不活性とは、他のさまざまな物質と触れあってもあまり化学反応を起こさないという意味です。

たしかに、大勢の人たちが集まったとき、貴族はあまりだれ彼なく声をかけたり、あちこちあいさつして回ったりしそうもありません。どちらかと言えば、デンと構えて孤高を保ち、人から話しかけられれば最小限のことばは返すけれども、それ以上会話に深入りしたりしない。そういうイメージが貴族には似合います。

また、金も銀も、高温で融解すれば、いろいろな金属と合金を造ることができます。ただ、いったん合金になったらそのままずっと合金としてとどまるかというと、ほとんどの場合、もう一度高温で融解すれば元の純粋な金や銀に戻ることが多いのです。

「くっ付けと言われればくっ付くし、離れろと言われればあっさり別れる」薄情な性格も、昔の貴族にとっては大変重要な素質とされていたようです。貴族の子女は、好きだの、嫌いだのと言って自分の結婚相手を選ぶことはできませんでした。その家の当主が、自分たちの勢力を守り、拡大するためにいちばん有利だと判断した相手と結婚しなければならなかったのです。そして、情勢が変われば、あっさり別れて違う相手と結婚しなければなりません。

また、貴族ともなると、王様との付き合いも多くなります。「おい、お前のとこの娘が可愛く育ったな。あれを寄こせ」と言われたときには、つべこべ言わずに差し出さなければなりません。逆らえば「謀反を起こす気があるから、自分の娘を人質にされたくないのだろう」とか言いがかりをつけられて、御家断絶ともなりかねないからです。たとえ、親子のあいだでも特別なだれかとの人間関係に愛着を持つなどというぜいたくは許されなかったのです。こうして見ると、男もつらいかもしれませんが、貴族というのもけっこうつらい稼業だったに違いありません。

人間社会でぐうたらで薄情なのが貴族であるのと同じように、金属の世界でぐうたらで薄情なのが金や銀だということで、金、銀、そしてプラチナなどは貴金属と呼ばれるようになりました。そして、他の物質と化学反応を起こさないことにかけても、合金を造ってもかんたんに元に戻すことができることにかけても、同じように貴金属と言われている中で、金のほうがプラチナや銀より徹底しています。

考えてみれば、熱伝導性が高いのも、電気伝導性が高いのも、金が極めつきのぐうたらで薄情な性格だからこそだとわかります。熱伝導性が高いということは、他のところから入りこんだ熱エネルギーを自分の中に貯めこんだりせず、すぐに別の場所に送り出してしまうということです。電気伝導性の高さもまったく同じことです。

どんな金属と合金を造っても、溶解すればもう一度純金として取り出すことができるのも、不活性であることの利点です。他の金属と合金を形成しているときにも、離れられないほど密接な関係を築いてしまうことがないからです。同じように金属と呼ばれる仲間のうちでも、活性の高いものも低いものもあります。どうして活性の差が出てくるかというと、イオンを帯びやすいか、帯びにくいかが金属ごとに違うからです。

一般に金属はプラスイオンを帯びるものです。そして、プラスイオンを帯びる度合いが高いほど、ほかの固体、液体、ガスなどのうちでマイナスイオンを帯びているものと結合しやすいのです。

よく知られた金属を、プラスイオンを帯びやすいものから帯びにくいものへと並べていくと、アルミ、亜鉛、鉄、ニッケル、錫、鉛あたりまでが、岩石の中にあるときでも他の物質と化合した状態で存在することの多い「庶民」です。銅、水銀、銀、白金、金の順に活性が低下し、「貴族」として岩石の中にあるうちから単体で存在することが多くなります。金は貴族の中でもひときわ位の高い、名門貴族といったところでしょうか。

金はめったに行方不明にならない

この非常に不活性な金属だという特徴から導き出されるのが、金はさまざまな天然資源の中でも、いったん人類に利用された後では所在不明になる率が非常に低いという事実です。地中から掘り出されたり、川底から砂金として採取されたりした金が、全部でどれぐらいの量になるのか、その後どんな用途で使われているか、そしてどれだけの量が行方不明になってしまったかについて、手がかりになるグラフがあります。

図3 世界の採掘済み金ストック、約19万トンの用途別内訳
2018年現在

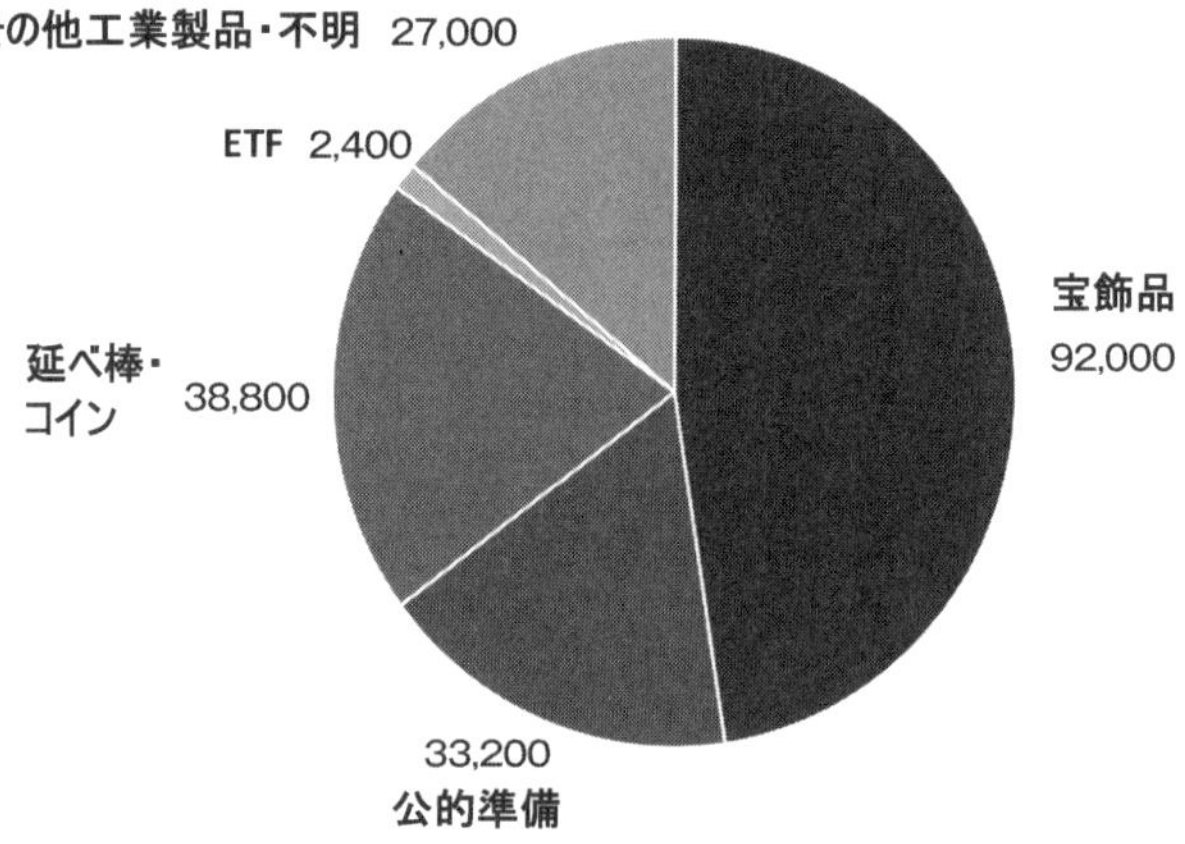

原資料：世界金評議会データをVoima Goldが作図
出所：ウェブサイト『Voima Gold』、2020年7月15日のエントリーより引用

まず、有史以前から延々と採掘されてきた金の全重量が約19万トンと推定されています。大変な量だろうとお考えかもしれません。ですが、金は水の約20倍の比重を持つ重い金属ですから、オリンピック仕様の水泳プールにすると3つ分強に過ぎないそうです。

内訳を見ますと、宝飾品がいちばん多くて9万2000トンです。次に多いのは個人世帯が延べ棒やコインとして持っている金融資産としての金で、3万8800トンとなっています。3番目に多いのが、各国政府・中央銀行や国際協調金融機関がいざというときに払い出す備蓄用に持っている金で、3万3200トン、個人の金融資産としての総額よりやや少

なめです。

4番目がちょっとあいまいな分類ですが、その他工業用と所在不明の合計で2万7000トンとなっています。なぜここで「その他」工業用となっているかというと、延べ棒やコインとして鋳造されたものも工業製品ですし、宝飾品もまた、美術工芸品として工業製品の一部だからです。

最後の5番目は、上場有価証券の中で、「この証券の価値を支えているのは、株券でも債券でもなく、保有している金地金《じがね》ですよ」というETF（上場投資信託）の持ち分が2400トンとなっています。2018年の時点でもETFの持ち分は地上に存在する金の総ストックのうちちゃっと1・4パーセントになった程度なわけです。

これは将来大きく伸びる余地があると見るより、現状ではほとんど市場に受け入れられていないし、将来的にもあまり有望な分野ではないことを暗示する数値だと思います。この点については、金にもとづくさまざまな金融商品をご紹介する第3章でくわしくご説明します。

これらの項目を足し合わせた金の総需要は、21世紀に入ってからほぼ一貫して年間4000トン前後で動いていました。図4のグラフが示すとおりです。

ここで興味深いのは、4000トンを下回るか、上回るかは公的準備需要がマイナス（つ

図4 用途・需要先別金総需要内訳推移〈2002〜19年〉

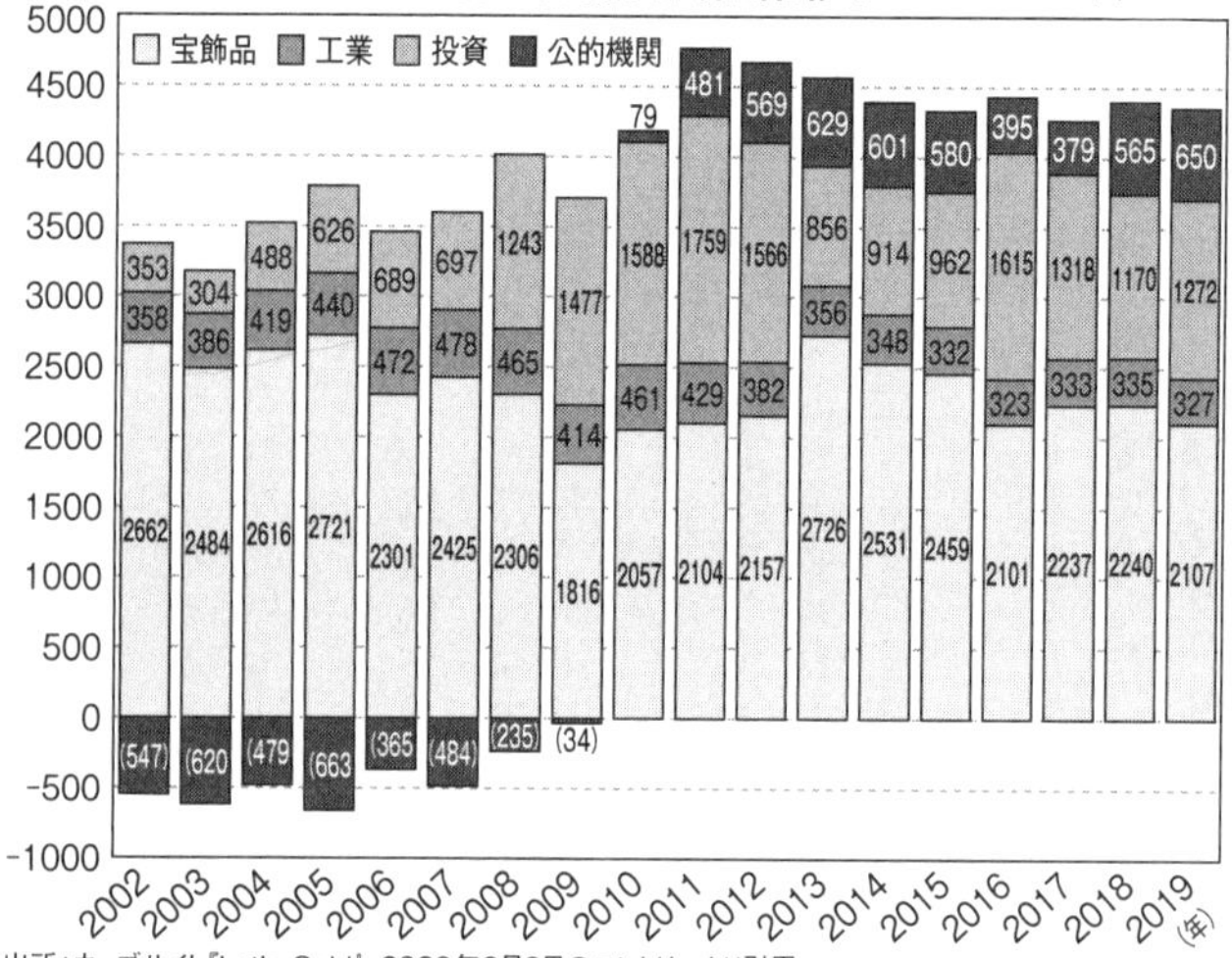

出所：ウェブサイト『Let's Gold』、2020年2月2日のエントリーより引用

まり、払い出し）か、プラス（積み増し）かに依存していたことです。２００９年までは、公的準備は毎年需要がマイナスになっており、総需要も４０００トン以下で推移していました。逆に２０１０年以降は、公的準備需要が毎年プラスで、総需要も４０００トンを超えています。この点については、総需要量を示さず、宝飾品、投資用、その他工業用、公的準備の４項目をそれぞれ折れ線で示した図５のほうが読み取りやすいでしょう。

宝飾品需要とその他工業用需要がやや減少気味、投資需要がかなり顕著に増加気味で、この３項目を合わせるとほぼ横ばいです。総需要が４０００トンを超えて伸びつづけているのは、公的準備需要がマイナス

図5 用途・需要先別金総需要内訳推移〈2002~19年〉

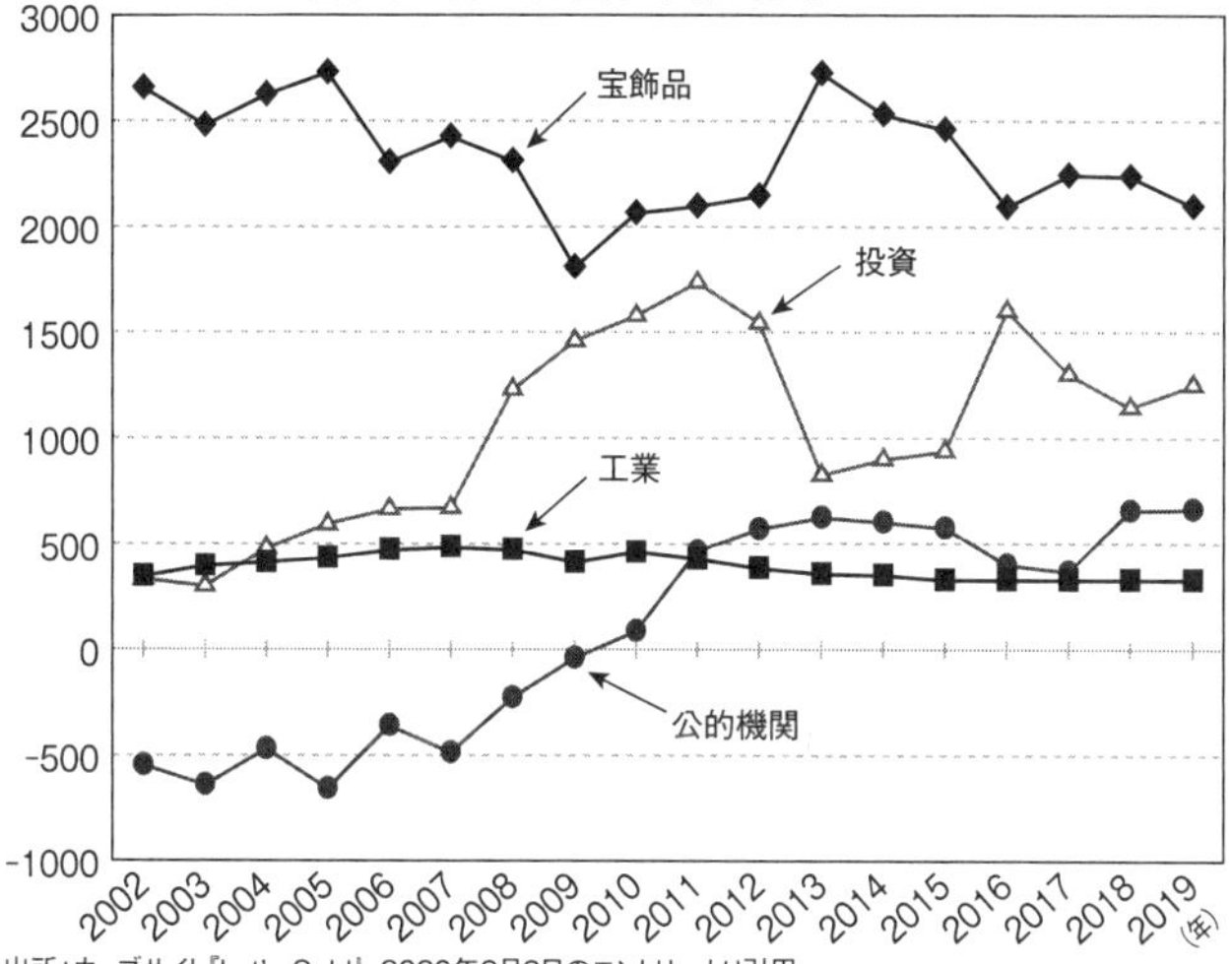

出所：ウェブサイト『Let's Gold』、2020年2月2日のエントリーより引用

からプラスに転じたからだとわかります。

まだご記憶の方も多いでしょうが、2009年はアメリカのサブプライムローン・バブルに端を発した国際金融危機がどん底まで深刻化した年です。その年を境に世界中の中央銀行が金準備を増やすようになったわけです。世界中の中央銀行や国際協調金融機関は、上っ面のコメントでなんと言おうと、これからはしっかりとした価値のある実物資産を溜めこんでおく必要があると感じているのでしょう。

あいまいな4番目の分類に話を戻しましょう。ほぼ確実に言えることは、このふたつの中では、その他工業用の重量のほうが、所在不明の重量よりかなり大きいだろうということです。現在、世界中で毎年400トン前後の金が工業用に消費されています。もう少し細かく見ると、2007年に478トンでピークを打って、2010年にもう一度461トンという高水準に達してから後は、減少気味です。2014年以降は300トン台前半にとどまっています。

その他工業用をさらに細かく分類すると、電子部品用が約7割、歯科医用が約1割、それ以外の工業用が約2割です。電子部品用の金消費量は電子機器が急激に市場を拡大した1980年代に急上昇しましたが、その後は顕著な増加も減少もなくほぼ横ばいです。それ以外では、もともとあまり大きなシェアではなかった歯科医用の消費量が趨勢的に低下しています。最近は、あまり入れ歯に金の冠をかぶせている人を見かけなくなりました。

つまり、1990年以降の過去30年間だけでも、大まかに言えば(400×30で)約1万2000トンの金はその他工業用に消費されていたわけです。それより前はどうでしょうか。

1971年に当時のアメリカ大統領リチャード・ニクソンが「米ドルの金兌換《だかん》停止」を宣言して、固定相場制から変動相場制になった金価格は1970~80年代にかけてかなり上昇しました。一方、電子部品工業はまだ発展途上だったので、この20年間はおそらくその他工業による金の年間消費量は現在の約400トンより低かったでしょう。

しかし、直近ではトロイオンス(約31グラム)当たり約2000ドル近くもする金が、1971年までは35ドルという低価格に抑えられていたのです。1971年というと、私もまだ20代に入ったばかりの学生で、とくに金融経済情勢にも興味はありませんでした。ですが、特別な宝飾品としてではなく、ふだん使いの腕時計や懐中時計の裏面、さらに万年筆のペン先などにかなり純度の高い金を気軽に使っていたことは、おぼろげながら記憶しています。

そう言えば、そもそも外出時に腕時計をしたり、万年筆を持ち歩いたりする人が減ったこと自体、その他工業の金消費量をそうとう減少させているはずです。ですから、1970年以前のその他工業用の金消費量は、現在の年間約400トンよりやや大きかったのではないでしょうか。というわけで、その他工業製品に組みこまれていて所在もわかっている、あるいは工業製品として何度かリサイクルもしている金のほうが、所在不明の金よりかなり多いだろうというわけです。

ああでもない、こうでもないと考えてきた末に結局ドタ勘の話になってしまって恐縮ですが、太古の昔から採掘されてきたことが確認されている金の総重量のうちで、所在不明の分はおそらく全体の1割にも達しないでしょう。どんなに多めに見てもせいぜい5パーセント程度だろうというのが、私の結論です。

38ページの円グラフ（図３）のデータより8年前の2010年には、すでに採掘済みの総ストックが約16万5600トンとなっていました。そして、宝飾品が8万6100トン、延べ棒やコインのかたちでの民間投資が2万9800トン、政府・中央銀行・国際協調金融機関の金準備が2万6500トン、その他工業用が1万9900トンと推計されていました。総数から以上4項目を引いた所在不明分は3300トンと、全体のわずか2パーセントと見られていたのです。

日本でも、全国各地に時価に換算すると何億円、何十億円にもなる大判小判が埋蔵されているという伝説があります。海外ではもっとスケールが大きくて、ヨーロッパ・アメリカ間の大西洋航路のあちこちの海底に、金地金や延べ棒、金貨を満載した海賊船が沈んでいて、引き揚げれば何百億円、何千億円にのぼる金が手に入ると言われています。

それでも、人類が掘り出し、精錬した金のうち、所在がわからなくなってしまった分はたった2~3パーセントに過ぎないようです。金がいかに大事にされてきたか、また、いかにほかの物質と化合して正体のわからないものに化けてしまうことが少ないかを証明している数字と言えるのではないでしょうか。

金の物理特性すべてが貨幣に適している

今までご説明してきたさまざまな特徴のすべてが、金は貨幣、つまりおカネとして使うのに適した物質だということを示しています。昔から、おカネには３つの主な機能があると言われてきました。順番にご紹介していきましょう。

１つ目は交換の媒介となることです。すべてのものを物々交換していた時代には、交換は大変な作業だったでしょう。自分が持っているものをほしがっている人が、たまたま自分がほしがっているものを持っていたという巡り会いは、なかなか起きるものではありません。おまけに、お互いに相手が持っているものをほしいという場合でさえ、自分の持っているもののいくつと相手の持っているもののいくつを交換すれば、ほぼ公平な条件で交換したことになるのか、見当もつかないというケースが多いでしょう。

でも、だれもが自分が持っているものを売ってまずおカネを手に入れて、そのおカネで他人の持っているものを買うことにすれば、ずいぶん楽になります。だれもが自分では使わない持ちものをまずおカネに交換して、そのおカネでほしいものを買うことにすれば、お互いに相手の持っているものをほしがっているという幸運な巡り会いがなくても、取引が成立します。

２つ目は価値の尺度となることです。どんなものでも、おカネをいくら出せばどのくらいの量が手に入るかがわかれば、ダイヤモンドと炭団《たどん》、絹織物とたわしのように、性質や使い途が極端に違うものでも、値段がいくらかということで、価値を比べやすくなります。

同じアップルの名前がついていても、りんご1個とアップル社製の携帯電話機1台では携帯のほうがずっと高いというだけではなくて、何百倍、何千倍高いのかが具体的にわかるということです。

3つ目は価値を蓄蔵する手段となることです。いますぐ使うわけではない財産を持っている場合、どんなものでも持てば都合がいいでしょうか。だれでもいつでもほしがるもので、消えてなくなることも、価値が目減りすることも、腐ることもないもので持っているのが、いちばん都合がいいでしょう。そう考えると、何を買うにも使えるおカネを持っていることがとても好都合だということになります。

それでは、そのおカネはいったいどんなものでできていると、上にご紹介した3つの機能をうまく果たせるでしょうか。1つ目の交換手段としては、あまりどこにでも転がっているようなものではないけれども、手軽に人から人に渡せるものならなんでもいいように思えます。

実際に、いろいろなものが貨幣として使われてきました。丈夫で割れることの少ない貝殻とか、塩のかたまりとか、小動物の毛皮とか。もちろん、少し文明が発展してくると金、銀、銅などの金属が使われました。金属は、目方に応じていくらというかたち（秤量《ひょうりょう》貨幣と言います）でも、コインに鋳造してそこに押した刻印が価値を示す（打刻貨幣と言います）

かたちでも、あちこちで使われてきました。

ちょっと変わったところでは、独立戦争直前ごろから南北戦争当時までのアメリカ、とくにペンシルヴェニア州、ケンタッキー州、テネシー州ではウイスキーが貨幣として通用していました。あらゆるものを、ウイスキーのグラス1杯とか、1ビンとか、1ダースとかと交換していたわけです。上手に保存すれば歳月を重ねるにつれておいしくなるけど、保存状態が悪いと酢になってしまうワインと違って、比較的長い年月同じような品質を保つウイスキーは、何百、何千という銀行がそれぞれ自前の紙幣を発行していて、信用度に極端な違いのあったドル札より、信頼の置ける交換手段だったのでしょう。

ただ、同じようにウイスキーとして流通していても、味は造り手によってずいぶん違うはずです。おいしいウイスキーは自分で呑んでしまい、自分では呑みたくないまずいウイスキーだけが流通するという、典型的な「悪貨は良貨を駆逐する」状態になっていたのではないでしょうか。

ファンジビリティが高い素材は通貨に適する

ファンジビリティとは代替性と分割可能性を合わせ持つ性質のことです。

2つ目の価値の尺度という点では、大きな金額の中に混じっていても、小さな金額の中に混じっていても貨幣1単位の価値は変わらないことが重要です。つまり、1万円の取引の中でどこから1万分の1にあたる1円を取り出してきても、300円の取引の中でどこから300分の1にあたる1円を取り出してきても、1円の価値にはなんの変化もないということです。

どう分割することも、寄せ集めることもできて、どんなかたちをとっていても2単位には1単位の2倍の価値があるというわかりやすい性質を、ファンジビリティと呼びます。ファンジビリティがあるかどうかは、貨幣としての適性を測るためには非常に重要なポイントです。

「当たり前のことだ。量り売りで買える商品はみんなそうじゃないか」とおっしゃるかもしれません。ですが、それは、製造業の発展によって、商品の均質化がとても進んだ近代以降の特徴です。自然素材を貨幣に使っていた時代には、こういう条件を満たす素材はめったにありませんでした。

たとえば、特定の地方でしか取れない珍しいかたちの貝殻を貨幣として使っていた社会のことを思い浮かべてみましょう。大口取引で突然何千個とか何万個とかの貝殻を支払う必要が出てきたとき、同じような質の貝殻を揃えることができたでしょうか。たぶん、小額の取引のときには使えないような質の悪いものまで総動員して支払うことになり、受け取る側は本来受け取れるはずの価値より価値が低い貝殻の山で折り合わざるを得ないことが多かったでしょう。

宝石の場合は、反対です。ダイヤモンドを貨幣として使っていた社会があったとしましょう。ダイヤモンドの大小は重さで量り、単位はカラット（0・2グラム）です。1カラットの100倍、100カラットのダイヤモンドは、貨幣として1カラットのダイヤモンド100個分の購買力しかなかったでしょうか。そんなことはないでしょう。100カラットのダイヤモンドの希少性は、1カラットの100倍よりはるかに高いはずです。そんなに購買力を低く評価されてしまったら、だれも大粒のダイヤモンドで取引しなくなるので、高額の取引自体がほとんどなくなってしまうかもしれません。

かと言って、10カラットのダイヤモンドの購買力は1カラットの30倍、100カラットのダイヤモンドの購買力は1カラットの1000倍というようなこみ入ったルールを作るのも、実用的ではありません。価値の尺度として重要な「単純明快であること」という資格を失ってしまうからです。

ダイヤモンドの重さが1カラット増えるたびに購買力はどのくらい増えるのか、とても複雑になります。そうとう暗算が得意な人でも、重さの違うダイヤモンドをいくつか組み合わせて買ったものと、別の組み合わせで買ったものの比較では、どれがどれの何倍の価値があるのか、とっさには計算することができないでしょう。

歴史をふり返っても、宝石を貨幣として使った例はほとんど見当たりません。どんなに小粒でも価値が高すぎて、日常取引に気軽に使えなかったことが最大の理由でしょう。ただ、それとともに重さと価値がほぼ正比例で増えていく単純明快な性質を持っていなかったことも、大きな要因だった思います。

さらに、宝石のようにめったに取引されないものは、どういう経済・社会情勢のときに商品として市場に出るかによって、価格が大きく変動します。これも貨幣として使いにくい理由です。

ボラティリティ(価格変動性)の低さも重要だ

ファンジビリティと並んで貨幣としての使いやすさを決めるもうひとつの重要なポイントは、価格があまり大きく変動しないことです。価格の変動性をボラティリティと呼びます。同じように長期的な上昇局面にある商品2つを比べてみても、毎日の取引での上下動が激しい商品も、上がるときにはあまり反落局面がなく上がりつづける商品もあります。

図6 金生産量と金の米ドル価格推移、1971～2018年

原資料：CPMグループ、ゴールドチャーツ・R・アスのデータをVoima Goldが作図

出所：ウェブサイト『Voima Gold』、2019年12月9日のエントリーより引用

当然、前者はボラティリティが高く、後者はボラティリティが低いということになります。

金を貨幣として使っている社会では、昨日は金１粒で買えたものが、今日は２粒出さなければ買えない、明日は３粒になるだろうと心配しなければならない事態は、あまり起きないでしょう。金はすでにお話ししましたように、いろいろほかの物質では代えられない性質を持っています。さらに、金の毎年の生産量は図６のグラフでご覧いただけるように、３０００トン前後で、総ストックの19万トンに対して１・５～１・６パーセントに過ぎないのです。

金が供給過剰で値下がりすることは、ほとんどないでしょう。むしろ、すでにお話ししたように毎年総需要は４０００トンを超して

いるわけですから、1000トン前後をすでに宝飾品や投資用資産として持っていた人が手放して、もう一度流通過程に乗せることで補っている状態です。これをリサイクルというわけですが、あまり価格が下がったら放出してもらえないので、需要家としては高値を提示してリサイクルを促進するしかないでしょう。

極端なたとえですが、泥をこねて作ったお団子を貨幣として使っている社会があったとしましょう。その社会では昨日お団子1個で買えたものが、今日は10個、明日は100個出さないと買えないという事態は、かんたんに起きそうです。どこにでも材料はあるし、だれかが大量生産しはじめたら、すぐ供給量が激増してしまいますから。

「そんなバカなことをする社会があるはずがない」とお考えでしょうか。でも、現代社会をご覧ください。世界中の先進国と中国の中央銀行は、紙に「この紙には額面に書かれた通りの価値があると保証します」と印刷されただけで、何ひとつ資産の裏付けのない「不換紙幣」の増刷競争をしています。不換とは、金や銀などの正価と交換することができないという意味です。

「でも、物価は高くなるどころか、むしろデフレ気味だから、べつに実害はないよね」とおっしゃるかもしれません。たしかに、商品やサービスの価格はあまり上がっていません。日本のように若干デフレ気味の国もあります。ところが、世界中の株とか、国債とか、社債とかの金融資産の価格は、軒並み今までの金融市場の常識では想像もできなかったほど割高になっているのです。

しかも、たいていの場合、各国中央銀行は増刷した紙幣を市場で流通させるために、大変危険なことをしています。銀行や証券会社などの金融機関から、自国の国債、「これこれの資産を担保にカネを借りました」という証文である担保付き有価証券、あるいは自国株の上場投資信託（ETF）を買って、その代金を紙幣で払っているのです。

中央銀行という無尽蔵に紙幣を増刷することのできる「大口」の投資家がじゃぶじゃぶ紙幣をばら撒いて、株や債券や担保付き有価証券を買い上げてくれるのです。金融機関はもちろん大歓迎しています。でも、世界中で国内総生産（GDP）の成長率が下がっているのに、金融資産の価格ばかりがどんどん上がっているのは、どこかおかしくないでしょうか。

株でも国債でも担保付き有価証券でも、発行している企業、国、担保となっている資産が収益を稼いだり、税収を拡大したりするからこそ、配当や金利を支払い、債券の場合には期限が来たら元本を返すことができるはずです。ところが、現在の金融市場では、企業収益や国の税収とほとんど無縁に株、債券、担保付き有価証券、上場投資信託といった金融商品の価格が上がりつづけています。

いつかどこかで、だれかが「この株には、こんな価値はない」「この国債は償還できなくて、元本が丸損になるかもしれない」と思って売りに出たら、どうなるでしょうか。世界中の投資家と主要中央銀行が、そろって莫大な損失をこうむることになりかねません。

だからこそ、紙幣の発行総額には、なんらかの歯止めが必要です。19世紀後半から1971年までの社会では、金本位制というかたちでこの歯止めをかけていました。各国中央銀行が、かなりの金額に相当する金備蓄を持っていて、それぞれ「自国紙幣をいくら持ってきた人には、その紙幣と交換で金1トロイオンスを差し上げます」と約束していたのです。

この制度を、金本位制と呼びます。金本位制のもとでは、いつでも中央銀行に持ちこめば紙幣を固定レートで金に交換してもらえるわけですが、こうした紙幣を兌換《だかん》紙幣と呼びます。兌換とは、交換可能なという意味です。

金本位制のもとでは、あまり紙幣を刷りすぎてその通貨価値が下がったら、やっかいなことが起きます。自国紙幣を中央銀行に持ちこんで、世界中どこで換金しても安定した価格で売ることができる金への交換を要求する人が増えて、自国の金準備を使い果たしてしまうからです。金本位制もいろいろ問題を抱えた制度だったことは事実です。でも、少なくとも慢性的なインフレという通貨価値の下落を防ぐ効果は、たしかにありました。

第二次世界大戦末期には、この古典的な金本位制にちょっとアレンジが加わりました。

米ドルだけは35ドルをアメリカの中央銀行である連邦準備銀行（地域別に全部で12行ありまず）に持ちこめば、金1トロイオンスと替えてくれるけれども、その他の国々の通貨は米ドルとの交換比率が固定レートになっているというかたちで、間接的に金の価値につながることになりました。

そして、1971年の夏、当時のアメリカ大統領リチャード・ニクソンが突然「米ドルの金兌換停止」を宣言しました。こうして、金本位制が終わってしまったのです。

アメリカで連邦準備制度という現行の中央銀行制度が発足したのは、1913年です。この1913年から1ドルの価値がどれだけ下がったかを見ますと、1970年にはまだ1913年当時の1ドルに比べれば、25セント分の価値がありました。57年かけて4分の1になったわけです。その後、金という碇《いかり》から切り離されてしまったドル価値の下落は、さらに加速しました。現在では約3セント程度に下がっています。米ドル札が不換紙幣になってからの50年間で、8分の1以下に価値が減ってしまったのです。

金本位制復活で金融・経済の諸問題は解決するだろうか

古めかしいと感じる方もいらっしゃるでしょうが、やはり通貨は不換紙幣のようになんの実体価値も持たないものより、実体価値の裏付けのあるものを使うほうが、安全に資産価値を守れるようです。

ただ、「だからこそ、金本位制を復活すべきだ。そうすれば現代世界が抱えている金融・経済問題はすべて解決する」という主張には、あまり論理性がないと思います。とくに、19世紀後半から1970年までの金本位制は、実際のところ金本位制より金固定相場制と呼ぶべきものです。あらゆる商品やサービスの価格が日々変動していても、金1トロイオンスの価格だけは初期には20ドル67セント、1934年以降は35ドルとして固定されていたのです。

30年代大不況の最中は、デフレでした。ですが、その後第二次世界大戦の戦争特需、そして1950〜60年代の空前の好景気の中で、アメリカ社会にはインフレ傾向が定着します。ものみなインフレの世の中で、金だけが固定価格だったのですから、金の実質資産価値は大暴落していたわけです。この事実は、1971年の金固定相場制が廃止されてから、金が大幅に値上がりしたことによって、実証されています。図7-1、2の上下2段組グラフをご覧ください。

上段から見ていきましょう。まず、19世紀末から1934年まで金価格は20ドル67セントに固定されていたので、その間はまったく上がっていない水平線です。1934年に35

図7-1 金の米ドル価格〈1800~2016年〉

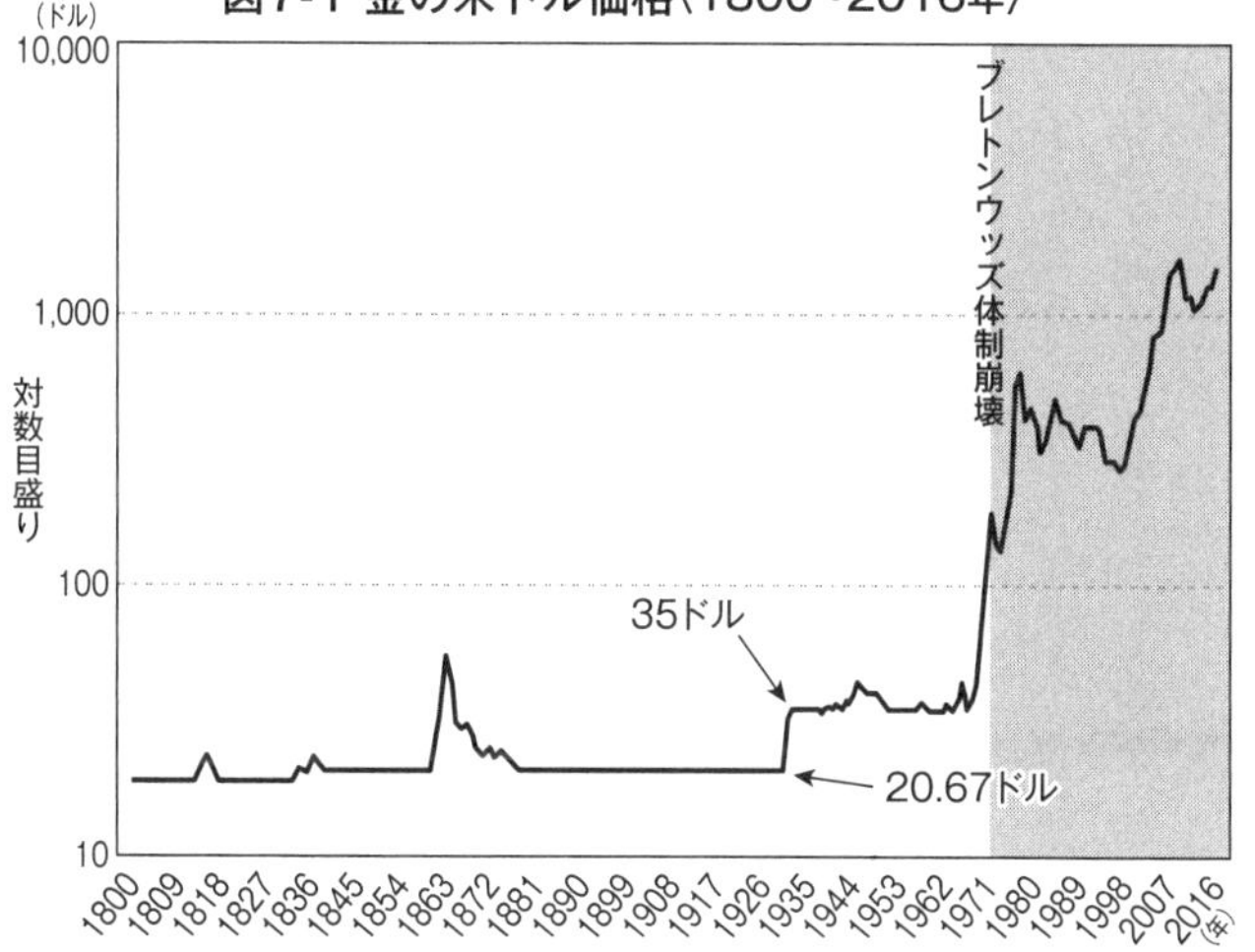

図7-2 米国における金の購買力指数(1800年=100)〈1800~2016年〉

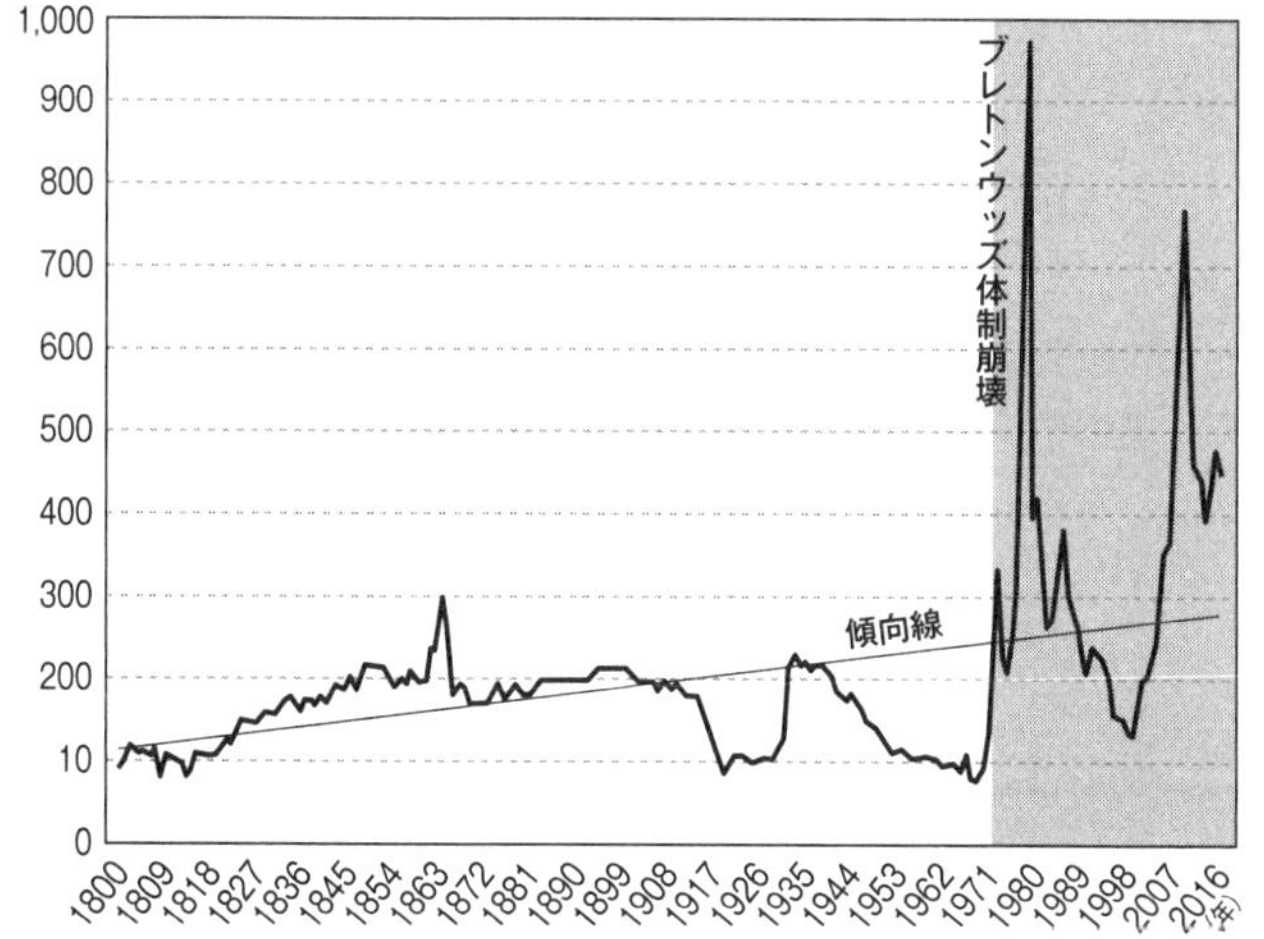

原資料：世界金評議会、Jo Jastram論文、ゴールドチャーツ・R・アスのデータをVoima Goldが作図
出所：ウェブサイト『Zero Hedge』、2020年6月28日のエントリーより引用

ドルに上がってからは、第二次世界大戦直後にやや上がりましたが、また元の35ドルに戻っています。なお、このグラフは縦軸が対数目盛りになっています。等間隔の水平線は1段上がるごとに10倍になっていくということです。

そのときどきの米ドルで表示した金価格は安定しています。でも、下段の購買力指数を見てください。第一次世界大戦の戦後ブームの時代と、第二次世界大戦末期から1960年代末までの長期ブームのとき、2回とも金の購買力はほぼ半減しています。大事に持っていた金を使ってみたら、買えるものの価値が半分になっていたというのでは、資産防衛の道具としては失格です。

「金の持つ価値のすばらしい安定性を、もっと積極的に経済運営に生かすべきだ」と主張される方々の中には「19～20世紀型の金本位制復活」を万能薬のようにおっしゃる方もいらっしゃいます。ですが、私には金を安値に据え置くことがどうして経済活性化につながるのか、どうもその論理がよくわかりません。

次章でくわしくお話ししますが、私は現在の「金融緩和バブル」はもうすぐ終わり、今後少なくとも6～7年は投資より資産防衛に徹すべき時期だと考えております。そういう環境のもとでは、多少の価格変動には目をつぶって、金を買って持ちつづけることが最良の戦略だとも信じています。ですが、この戦略を避けるべき事態がたったひとつ起こり得ます。それは金本位制がふたたび導入されて、しかも数年間続いてしまうことです。そうなったら、金の資産価値はかなり下落するでしょう。

かと言って、時々刻々、金価格が変わるたびに自国通貨の対金換算レートに応じて、あらゆる商品やサービスの価格を付け変えるというのも、非現実的です。値札の付け替えだけでも膨大な時間と労力を要するでしょう。やっぱり金を裏付けとしてしっかりとした貨幣制度を構築することはむずかしいから、中央銀行や政府の信用にまったく依存しないタイプのビットコインなどの暗号通貨の普及に期待をかけるしかないのかなあ、とつい最近まで考えていました。

金の現物を取引決済に使うことには、２つの問題点があります。１つ目は、高額の取引をするとき、あまり大きな金塊を持ち運ぶのは、どんなに平和な社会でも物騒だということです。２つ目は、少額取引で非常に小さな金の粒を使わなければならなくなると、落としたり、なくしたり、数えているあいだにどちらかがちょろまかしたりといった事態が増えるだろうということです。

このうち、１の高額取引については比較的かんたんな解決策があります。金そのものは信頼すべき保管業者に預けておいて、預かり証だけをやり取りして決済するのです。中世ヨーロッパで金細工師が大銀行に成長したケースのほとんどが、この金預かり証による決済が増加したことによるものです。

2の少額決済については、あまりうまい解決法が頭に浮かびませんでした。もちろん、日本で言えば1円から500円までは素材としてはあまり価値のないニッケル貨、銅貨、アルミ貨といったもので間に合います。でも、現在金は1グラムで約6800円します。その1グラムでさえ2ミリ×2ミリ×5ミリという小さなものだとすれば、3400円に当たる0・5グラムとか、1360円に当たる0・2グラムの金を現物決済に使うのは、かなりむずかしいでしょう。

ところが、思わぬところから朗報を聞きました。2020年12月初旬に、私の信頼している『ゴールド・オブザーバー』という金情報サイトが、次のようなニュースを配信したのです。

ウズベキスタン政府が、小さな金箔を透明フィルムに封入して「これが純度99・99パーセントの金であることを政府が保証する」というQRコード（いわゆる2次元バーコードです）を付けて、重さに応じた価格で流通させる計画だというのです。これなら、かなり少額でも数え間違いや紛失の危険なく決済に使えるでしょう。

ウズベキスタン経済は、1990年代の前半に300〜1500パーセント台というインフレを経験しました。21世紀に入ってからも、年率10パーセント台半ばのインフレ率が続いています。貯蓄をしても元本の実質価値が急激に目減りするし、庶民の大多数は金、銀などの貴金属でインフレヘッジをするほどの資金を持っていないしという状態でした。少額決済にも金地金を使うことができれば、ずいぶん庶民の暮らしは楽になるのではないかと期待できます。

資産の砂時計をご存じですか

実体価値を持った資産の裏付けのある貨幣を選ぼうとするなら、ファンジビリティはなるべく高く、ボラティリティはなるべく低いものを選ぶべきだとご説明してきました。世の中のあらゆる実物商品、天然資源、金融商品の中で、どんなものがこの特性を備えているでしょうか。

一目でそれがわかるようにさまざまな資源や商品の特性をまとめた模式図があります。「資産の砂時計」と呼ばれています。この呼び名は、2つの三角形を縦に頂点でつないで、てっぺんと底が平たくなったかたちから来ていて、とくに時間の経過と関連しているわけではありません。

かんたんな図ですが、じっくり見ていくと経済の仕組みを理解するためにほんとうによ

図8 資産の砂時計

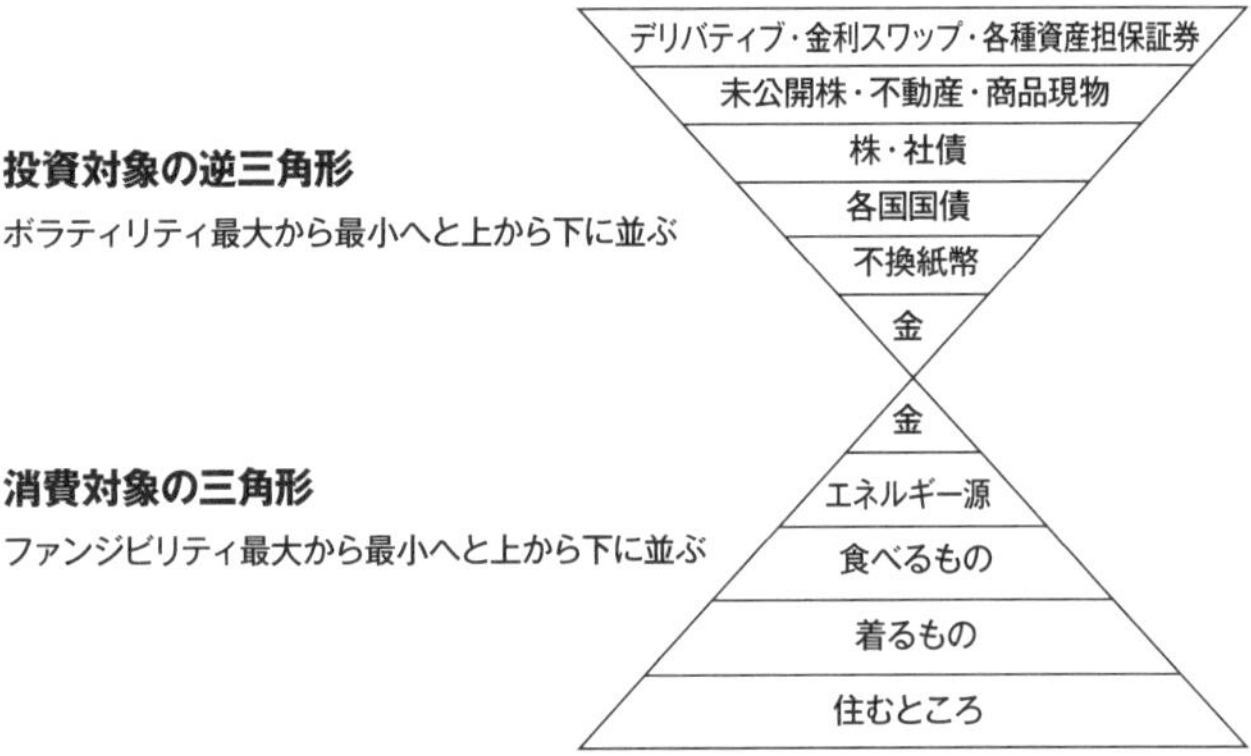

（出所）ウェブサイト「FOFOA」2010年9月13日の記事より作成

く考え抜かれたすばらしい模式図であることがお分かりいただけると思います。難点はどうも取扱説明書が雑に書かれていて、あちこちで引用されている割には、考案者の真意を伝えた説明が少ないことです。

　ご覧のとおり、上半分にはさまざまな投資対象、つまり金融商品がボラティリティの高いものから低いものへと、上から下に逆三角形で並んでいます。一方、下の安定感のある三角形には消費対象、つまり実物を消費することに意味のある商品が、ファンジビリティの高いものから低いものへと上から下に並んでいます。多くの説明では、上の逆三角形は金融経済を示し、下の安定した三角形は実物経済を示すと書かれています。

　ですが、この砂時計はあくまでも商品自体の性格で分けているのではなく、その商品を人間がどう使うかで分けているところに特徴があるのです。だからこそ、下の三角形に書きこまれているのは、上から順に金、エネルギー源、食べるもの、着るもの、住むところといった実物商品を並べたにしては、抽象的な表現になっているのです。

ようするに人間が直接消費の対象として必要とするものを「どういう目的に使うのか」という基準で列挙しているわけです。製造業の企業が原材料として使うものは、明らかに実物商品です。しかし、企業はそれを消費するために買うわけではなく、自社製品を造るための投資の一環として買うので、上の逆三角形のほうに組み入れられています。

下の三角形の中では、商品としての特徴が均一であればファンジビリティは高く、個別性が強ければファンジビリティは低いというふうに並んでいます。金が世界中の商品の中でいちばん均一性が高く、どこをどう切り取っても必ず目方分の価値があることは、もうご説明しました。ついでながら、金は食べるものでも、着るものでも、住むところでもなく、金を持つという目的のために持っている人の多い、かなり特殊な商品です、

次のエネルギー源も、いくつかの等級に分かれていても、その等級の中では原油1バレル、石炭1トン、天然ガス1立方メートルの価値は変わりません。ただ、その割には実際におカネとして使われたことは少ないようです。OPEC諸国の羽振りがよかったころには「もう世界は原油本位制の時代に入った」とも言われました。でもそれはあくまでも比

ゆ的な表現です。実際に、ほかの商品の取引での決済のために原油や石炭や天然ガスを使ったことは、ほとんどないでしょう。

石炭は高額取引に使うには目方当たりの価格が低すぎて、持ち歩くのが大変です。原油や天然ガスは、しっかりした容器が必要なうえに、小口に分けて使うのがまた、一苦労です。ガスの場合は、不可能と言ってもいいかもしれません。

次の食べるものは、エネルギー源ほどの均質性はありません。ですが、比較的均質性の高い主食やお酒は、先ほどご紹介したアメリカのウイスキー通貨のように、実際におカネとして使われていたことがあります。江戸時代に大名や旗本の経済力を測る尺度は、領地から何石《なんごく》の米が取れるかでした。また、収穫期前にどうしても必要な資金が捻出できない大名や旗本は、次の収穫期に現物を納めるという証文を書いて、米問屋から前借りしていました。その前借り証は、米問屋のあいだで貨幣に準ずるものとして流通していたようです。

着るものや住むところは、明らかに個別性が高く、分けたり寄せ集めたりすると価値が大きく変化するので、めったにおカネとして使われることはありませんでした。ただ、開拓時代のアメリカ北部やカナダではビーバーの毛皮が貨幣として使われていました。まだ、紙幣発行権が野放し状態でかなり怪しげな銀行でも紙幣を発行できていたころのアメリカでは、安定した価値を持つ紙幣を手に入れるのがよほど大変だったようです。だから、ビーバーの毛皮やウイスキーまで通貨として動員されていたのでしょう。

じつは、ファンジビリティだけを判断基準にするなら、金よりもっと通貨に適したものがあります。ただし、具体的に存在するモノではなく、数字という抽象的な概念です。数字なら、２は必ず１の２倍、３は必ず１の３倍ですし、どんな数字もいくらでも細かく分割することも、どんなに大きな数字とかけあわせることもできます。いろいろ難点の多い不換紙幣が、さまざまな批判を浴びながらも、１９７１年以来の半世紀にわたって決定的な破綻を見せずにやってこられたのも、このファンジビリティの高さがあったからでしょう。

ただ、長方形の紙１枚に偽札を防ぐために特殊なインクで複雑な模様と金額を刷りこんだだけの紙幣には、それ自体でなんらかの用途に使える性質はありません。政府や中央銀行の「この紙幣にはこれこれの金額だけの価値があることを保証します」という約束を信用する人が多いから流通しているだけです。その信用が失われたとき、どんなことが起きるでしょうか。なんの支障もなく、ふつうの日常生活が続けられるとは思えません。

住宅や土地となると、動かすことができないからこそ不動産と呼ばれているぐらいで、おカネとして使うことはあり得ないでしょう。ただ、果敢に挑戦してみごとに失敗した例はあります。18世紀初め、イギリスとフランスが植民地開拓競争で火花を散らしていたころの話です。フランスでミシシッピ会社といういったい何をやって収益をあげようとしているのかわからない怪しげな会社の株価が突然暴騰したことがありました。

この会社ばかりか当時の中央銀行に当たるフランス王立銀行（バンク・ロワイヤル）の運営も任されていたのは、有力貴族のお気に入りだったスコットランド人、ジョン・ローでした。ジョン・ローは、なんの事業もしていないのに投資ばかりが殺到してきたミシシッピ会社の損失の穴埋めをするために、とんでもないことを思いつきました。フランス王国の領土を担保とした紙幣を大増刷して、急騰から暴落に転じかけていたミシシッピ会社の株価を買い支えようとしたのです。

バブル華やかなりしころの日本でも「もう日本の貨幣制度は土地本位制になっている」といった議論が、肯定的な意味でも否定的な意味でも持ち出されました。また、「貨幣制度を土地本位制にすれば、毎年必ず上昇する地価に応じて貨幣供給量を増やすことによって、ますます経済を活性化させることができる」という提案もありました。

こうした議論には根本的な間違いがあります。本位貨幣には、必ず手から手へと受け渡しができて、受け取った人間にその貨幣の所有権が移ったことになんの疑問も生じないものでなければならないという実際的な制約があります。その制約を無視した紙幣には、実物資産の裏付けがありません。ジョン・ローが切り盛りしていたころのフランス王立銀行の窓口に、紙幣の山を積んで「この金額分のフランス領土をください」と言ったら、それだけの土地を受け取ることができたでしょうか。無理です。

つまり、土地本位制の紙幣は、政府や中央銀行の口約束以外にはなんの保証もない不換紙幣と同じくらい、実物資産の裏付けを欠いた紙幣だということです。結局、フランス王立銀行は買い支えの過程で吸収合併せざるを得なくなったミシシッピ会社もろとも、破綻します。それがフランス国民にとっていかに衝撃的な事件だったかを示すエピソードがあります。

欧米の銀行のほとんどが、英語で言えばバンクに当たる単語を社名に入れています。ところが、フランスの大手銀行は、バンク・ロワイヤルとの不吉な連想を避けるために、クレディ・リヨネとか、クレディ・アグリコルとか名乗ることが多いのです。

ですが、信用《クレディ》ということばにも不吉な連想があります。それは「信用とは眠れる不信に過ぎない」という格言です。人と人のあいだ、企業と企業のあいだに信用が形成されているのは、人間が本来持ちあわせているはずの警戒心や自衛本能をたまたま抑えているだけであって、いつか、どこかで不信は目覚めるというわけです。

ちょっと悲観的過ぎる見方のような気もします。でも、実物資産の裏付けがまったくない不換紙幣がじゃぶじゃぶ供給されているだけで、金融資産の価格が軒並み上昇しているのを見ると、たしかにこんな状態が永遠に続くわけはないとも思えます。

一般論ではボラティリティが低いほど「安全」だが

投資対象の逆三角形を見ると、だいたいにおいて市場でひんぱんに取引されているもののほうがボラティリティは低く、あまりひんぱんに取引されないもののほうがボラティリティは高いことがわかります。

市場で時々刻々と価格が変動するにつれて、ある価格では売り手が売りたいと思っている量のほうが買い手の買いたい量より多くなります。それよりちょっと下の価格では、逆に買い手の買いたい量のほうが多いといった変化が生じます。

ちょうど売りたい量と買いたい量が一致した瞬間に、取引が成立します。その値段が、市場全体でこの商品の価値はこれくらいだろうというコンセンサスです。この、価格の変化に応じて買いたい量、売りたい量が変化し、その中からコンセンサスが形成される過程を「市場の価格発見機能」と呼びます。

取引がひんぱんに行われる商品ほど、価格発見機能が発揮される回数は多くなります。

図9 主な投資対象のボラティリティ（10年間および2年間）

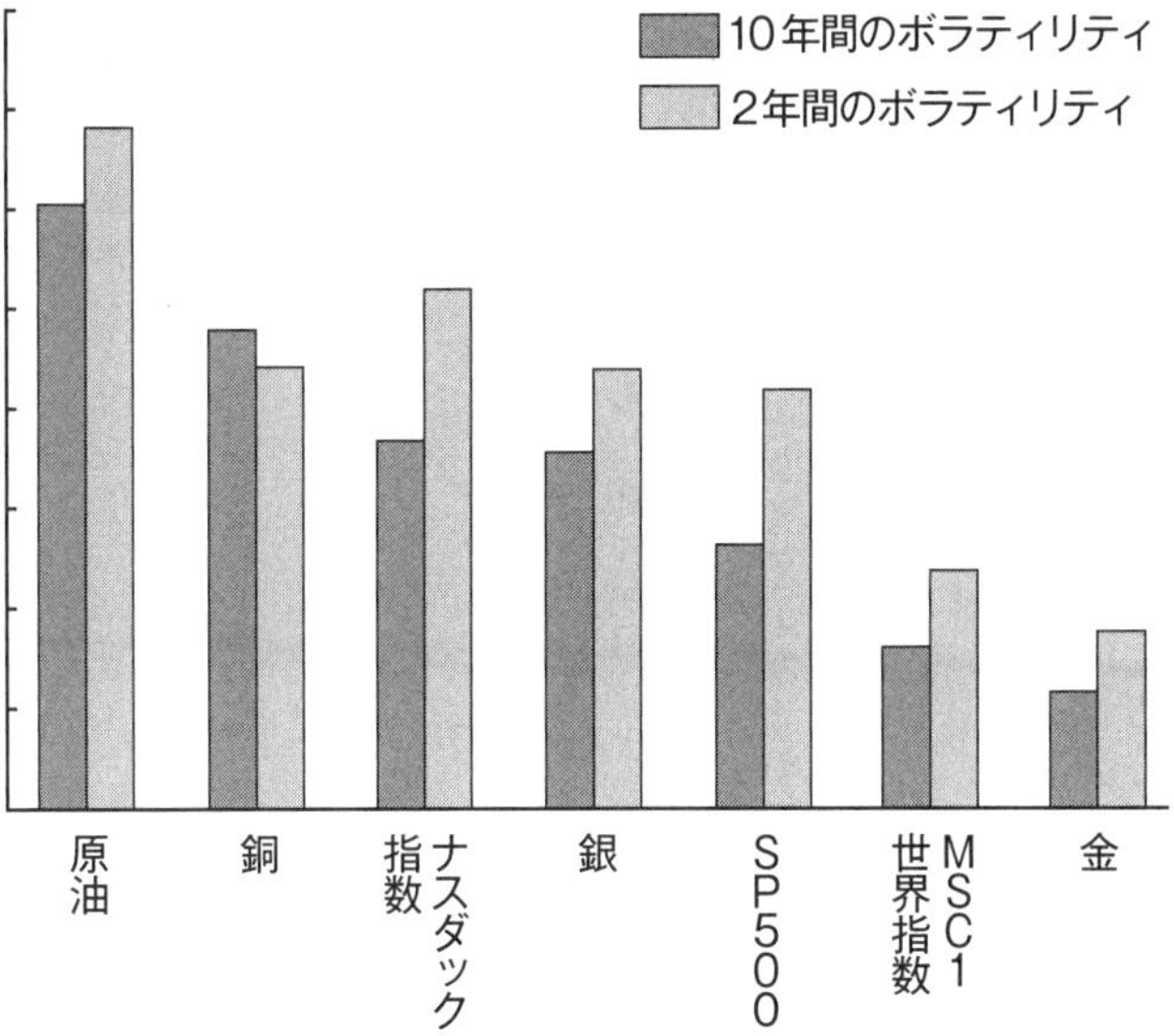

出所：Erste Group,『Special Report Gold, June 2010』より引用

ですから、それだけ形成されたコンセンサスもしっかりしたものとなり、あまり大きな変動が生じないわけです。ところが、この逆三角形の中で、金の取引回数は原油とか先進国の有名企業の株より小さいと思います。それでも、原油や有名企業の株よりもボラティリティが低いのです。この点は、図9のグラフでご確認いただけます。

ちょっと資料が古くなって恐縮ですが、1989～2009年の21年間にわたって、さまざまな投資対象の価格変動率を10年ごとの平均値、2年ごとの平均値にわけて算出したものです。10年間の平均で測っても、2年間の平均で測っても、金だけが他の投資対象より価格の変動率がずっと低いことがわかります。

ボラティリティから見ると、原油や銅のような典型的な市況商品は、非常に乱高下が激しい投資対象だとわかります。さらに、貴金属として金と同じセクターにくくられることが多い銀も、金よりはるかにボラティリティが高いのです。なんとなく「似たようなものだろう」と思って金の代わりに銀に投資したら、金よりはるかに急激な価格の乱高下に悩まされることになるでしょう。

たとえば1999〜2010年の累計変化率で見ると、金も銀もともに価格が約4倍になっていました。でも、銀価格はずいぶん年によって浮き沈みが激しかったのに対して、金価格はほぼ毎年10パーセント以上、30パーセント未満という安定ペースで上がっていました。さらに、ほとんどの投資対象が値下がりした2008年でさえ、金だけは3〜4パーセントと、小幅ながら値上がりしていたのです。この安定性こそ、ボラティリティが低いことの利点なのです。

このあとの展開はどうだったかを見ると、残念ながらこのグラフ同様に各種の投資対象のボラティリティを比較したデータには、ちょっと巡り合えませんでした。ですが、2008〜19年という期間内で、年間ボラティリティ平均値を原油と金で比較することはで

図10 金地金現物価格推移〈2010~20年〉

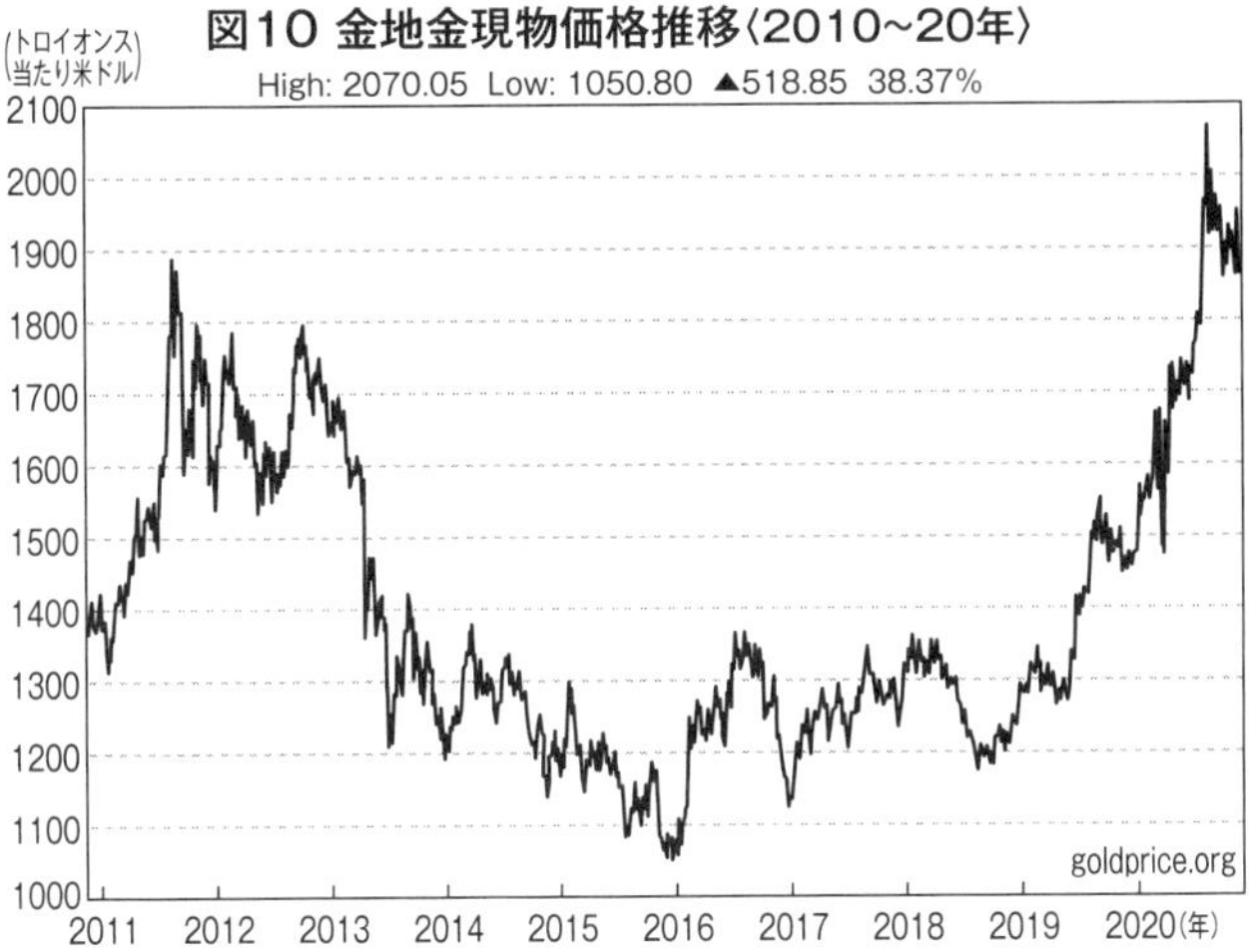

2020年11月22日の引け値は1871.15ドル

出所：ウェブサイト『Gold Price』、2020年11月23日のエントリーより引用

きました。原油はほぼ一貫して、40パーセント台の前半という高いボラティリティを示しています。金は激動の2008年だけは32パーセントと異常な高水準になってしまいましたが、それ以外では2017年が10パーセントで最低、あとはほとんど10パーセント台半ばとなっています。

図10のグラフで、2010年末から2020年11月までの金価格の推移をご覧ください。

1トロイオンス当たり1400ドルから出発して、2011年夏には1900ドル目前まで上がったのですが、2015年末には1100ドル台を割りこんでいます。その後、また上昇に転じて、2

020年夏にはついに2000ドルの大台に乗せました。注目していただきたいのは、2011年の高値から2020年の高値まで、丸9年間にわたってなめらかなお椀のような曲線を描いていることです。

ほかのたいていの商品価格は、こういうなめらかな曲線を描きません。長期にわたる下落基調の中でもいくつもの反騰局面があり、逆に長期的な上昇基調の中でも反落局面が多い、ギザギザに折れ曲がりつづけるカーブになります。

金は特殊な値動きをする商品だ

金は先進諸国の株や原油に比べれば、すっと取引頻度の低い商品です。それなのになぜ、こんなにボラティリティが低いのでしょうか。ここからは私の推理です。すでにご説明しましたように、金の総需要は年間で4000トンを超えています。一方、新規に掘削され、精錬されて市場に出てくる金の総供給は年間3000トン台前半にとどまります。

つまり、金は慢性的に需要過剰、供給過小の商品なのです。だから、年間総需要の約4分の1は、宝飾品や延べ棒・コインとして個人世帯に退蔵されている金にもう一度流通市場に出てきてもらって、需給を一致させているわけです。もちろん、一般論としては価格が高ければ高いほど一度退蔵された金のリサイクルによる供給量も増えるでしょう。

ただ、延べ棒やコインはともかく、宝飾品として金を持っている人たちは、将来売るつもりで持っているわけではないと思います。なんらかの理由で緊急におカネが必要になって、仕方なく金を売るというケースが多いでしょう。そういう人たちは、金価格が高いほど多く売るか、それとも低いほど多く売るか、考えてみましょう。

始めから売るつもりで持っていたものなら、高いほど多く売り、安いほど少なく売るというごくふつうの行動に出るでしょう。でも、持ちつづけるつもりだったものを一定額のおカネを工面するために仕方なく売るケースなら、高ければ高いほど売る量は少なくて済み、安ければ安いほど売る量は多くしなければならないはずです。

金山経営は、かなり長期にわたる計画を立てて、探査、試掘、採掘、砕石、精錬を続ける事業です。製品である金地金の価格が大幅に動いても、あまり短期的に生産量を変化させるのは得策ではありません。そういう企業が売り手の約4分の3を占めているわけです。そして、残る4分の1近くは、退蔵していた金をおカネに替える必要を感じている人たちです。

売り手の4分の3は生産量を価格に応じてすばやく変えることはできず、4分の1近くが、価格が安いほど売る量を増やし、価格が高いほど売る量を減らすという行動をとる市場を想像してみましょう。価格が上がると供給量が増えて値下がり方向に市場を動かし、価格が下がると供給量が減って値上がり方向に動かすという市場の自動調節機能は、うまく働くでしょうか。

むしろ、価格が上がるほど供給量が減ってさらなる値上がりを招き、価格が下がるほど供給量が増えてさらなる値下がりを招くことが多いのではないでしょうか。そうすると、いったん上昇基調が確立されると延々と値上がりが続き、逆にいったん下落基調が確立されると延々と値下がりが続く、まさに現実の金価格が示している、なめらかな価格推移を見せることになります。

この推理の裏付けとなるデータがあります。他の商品価格と比べたとき、金価格は、ふつうの市場行動の理論から想定される動きと逆の動きをすることが多いのです。まず、金価格が需要に対する供給量の過不足にどう反応したかのグラフをご覧ください。

ふつうの商品なら、供給量が需要量を上回っているときには、価格が下がります。逆に、供給量が需要量を下回っているときには価格が上がります。ところが、金価格はそのとおりにすなおな値動きをしたのが2015～18年の14年間のうち5年だけで、あとの9年は供給超過のときに値上がりし、供給不足のときに値下がりしていたのです。

それでは、ふつうの商品ではどんな動きになるかを比べてみましょう。

図11 GFMS金需給バランスと価格推移、2004～18年

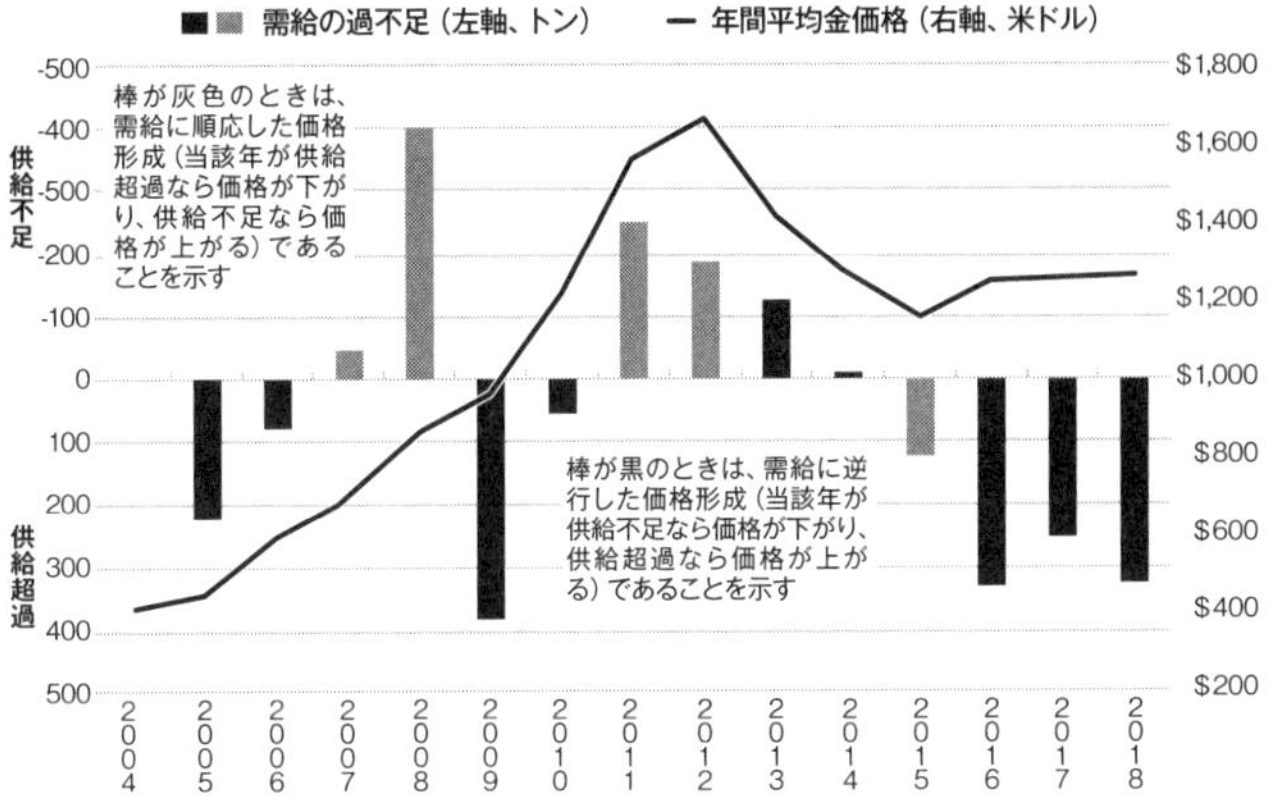

原資料：世界金評議会、GFMS（旧ゴールド・フィールズ・ミネラル・サービシズ）、ゴールドチャーツ・R・アスのデータをVoima Goldが作図
出所：ウェブサイト『Voima Gold』、2019年12月9日のエントリーより引用

図12 アメリカの小麦需給バランスと価格推移、1975～2016-17年

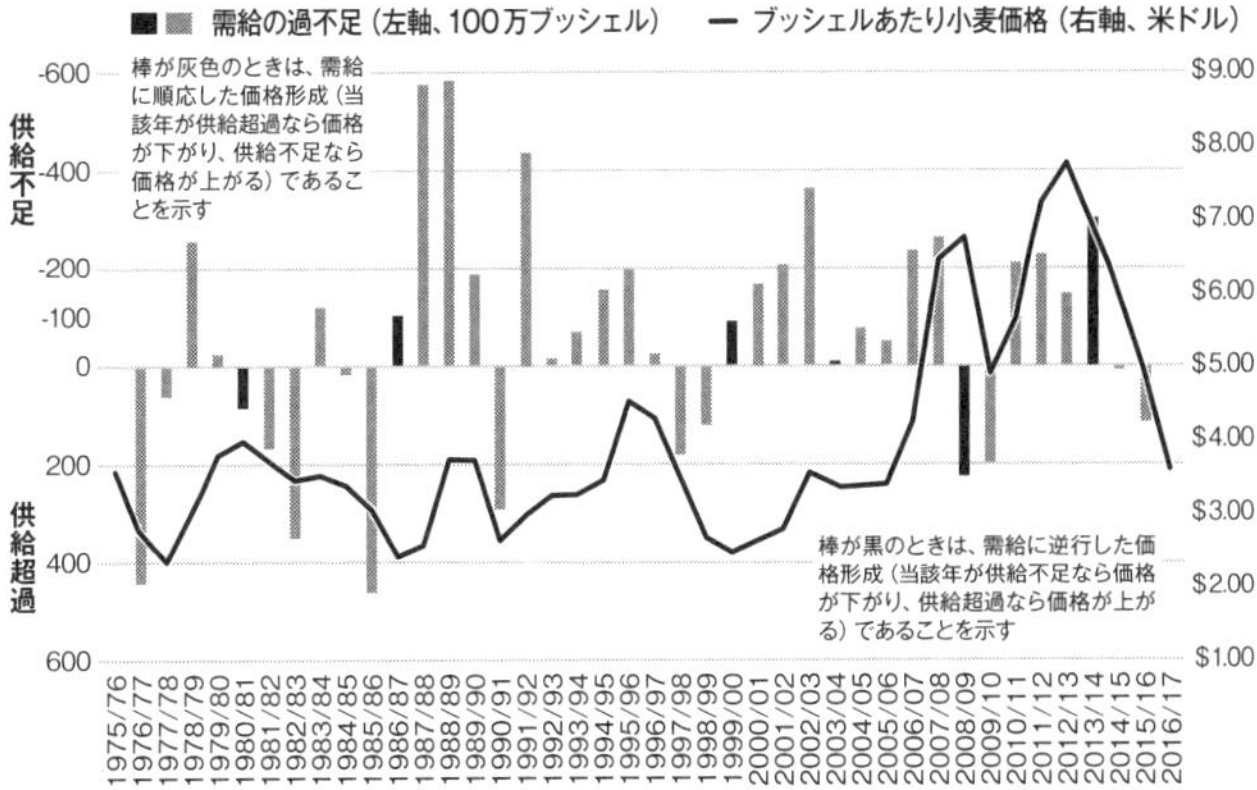

原資料：米連邦政府農務省のデータをVoima Goldが作図
出所：ウェブサイト『Voima Gold』、2019年12月9日のエントリーより引用

小麦は春蒔いて秋に収穫する春小麦と、冬蒔いて翌年の夏収穫する冬小麦がワンセットなので、年次表示も2年連続で1シーズンと数えています。このグラフには、1976〜77年に始まって2016〜17年まで41年間の需給バランスと価格変動の対比が出ています。そのうち、価格がふつうの市場行動理論と逆の動きとなったのはたった6回だけで、あとの35回はすなおな値動きをしているのです。

金は、買って長期保有をするにはすばらしい商品です。基本的に経年劣化という現象が起きません。また、時代が変わったからといって、価値がなくなってしまったことも、少なくとも歴史が記録され始めた約6000年前から現代にいたるまで、一度もありませんでした。利殖は考えずに、長期にわたって資産価値を守ろうとするのなら、金を買うのはたしかな保全策です。

しかし、ボラティリティの低さを、「値動きが小幅でおとなしい」と勝手に解釈して、「こまめに売り買いをくり返して儲けてやろう」と考えると痛い目に遭います。小刻みに延々と値上がりしつづけたり、逆に値下がりが続いたりする一本調子の相場もまた、ボラティリティは低いのです。金は、もうそろそろ底打ちするだろうと思うときに下げつづけ、もう反落するだろうと思うときにさらに値上がりする、やっかいな価格形成をします。

相場を張って一攫千金《いっかくせんきん》を狙おうとするなら、上昇基調から下落基調へ、下落基調から上昇基調への転換点をひとより早く察知することが大切です。ところが、金はほんとうに転換点が予測しにくい値動きをする商品です。ですから、投資対象として金を売買することは、私はお勧めしません。

第2章

今後6～7年は資産防衛に徹しよう

投資には3つの落とし穴が、いちばん怖いのが時間

前章では、儲けようと思って金を売買するのは得策ではないと申し上げました。私は、そもそもふつうに仕事を持って働いている方が投資をすること一般についても、あまりお勧めできないと考えています。この章ではまず、なぜ投資一般が、避けることができれば避けたほうがいい行動なのかを、自分の個人的な体験を交えてご説明します。

次に、なぜ今後の世界経済はますます投資に不利な環境になっていくのかを歴史の大きな転換点という角度から考えていきます。この部分については、賛否さまざまなご意見があるでしょうし、私とは違う考えをお持ちの方のほうがむしろ多いのだろうと思います。

もちろん、そういう方が投資のチャンスをうかがうことをお留め立てする気はありません。ただ、積極投資をお考えになる際にも、こんな見方をしている人間もいたな程度には心にとめておいていただけるとありがたいと思います。

また、これからの世界経済にも投資のチャンスはあるとお考えの方々も、今後6~7年はお待ちいただいたほうが安全だと思います。そして、あとでその理由も申し上げようと思っています。

落とし穴の1つ目は時間です。2つ目は代理人リスクと呼ばれるものです。そして、3つ目は取引先リスクです。時間はリスクではありません。人間の命に限りがあり、過ぎ去った時間は絶対に戻ってこないこと自体が落とし穴なのです。

こう書き始めると、株式市場で活躍しているのは、頭の回転も速ければ動作も俊敏な人たちばかりなので、チャンスを見つけたらすぐに飛びつかないと、絶好の投資機会をたちまち取り逃がしてしまうという話かとお思いかもしれません。私の体験から申し上げるかぎり、正反対です。投資行動で最大のむずかしさは、状況の変化に機敏に対応できるかではありません、自分のスタンスの正しさには絶対の自信があり、数量データも明瞭にその方向を示しているのに、市場全体がそっちに向かってくれるのがいつになるのか、まったく見当がつかないことです。

方向性は正しい投資方針でも、その正しさが実証されるまでに、何日かかるのか、何カ月かかるのか、それとも20年、30年と長いあいだ待たなければならないのか、わからないのです。一方、投資をする側としては、自分の命に限りがあることだけは知っています。でも、その限界が2～3カ月先なのか、5年後なのか、30～40年後なのか、だれも知らずに生きているわけです。

私は、外資系の証券アナリストという中途半端な立場で、株式市場に20年強かかわってきました。直接株を売買して、儲かったり損をしたりすることはありません。でも、自分が買い推奨をした銘柄が上がり、売り推奨をした銘柄が下がれば、給与もボーナスも増え、その反対なら減るという仕事でした。この仕事をして得た最大の教訓は、どんなにカネに困っても株の売買だけはしないでおこうということでした。

一般投資家が知らない株式市場の醜悪な裏側を見てしまった……などと言えば、センセーショナルでおもしろいのでしょう。ですが、ふつうの証券アナリストは、そこまで重要な企業秘密を教えてもらえるような立場にはありません。アナリストにできるのは、だれでも手に入れられる情報を総合して、「この企業は与えられた人材と資金からの収益を最大にするために、最善の努力をしているか、していないか」を判断する程度のことです。この判断の結果は、私がこの業界に入ったころは半年に一度でしたが、最近では四半期、つまり3カ月に一度の決算情報の開示でかなり正確に数字として反映されます。ところが、こうして自分なりに下した判断が、発表された決算で証明されようと、否定されようと、株価はほとんど反応してくれないのです。

私が担当していた業界では、大手が3社ありました。そのうち2社はあきらかに収益最大化の努力が足りないにもかかわらず、つねに株価は首位争いをしていました。唯一、収益最大化のための経営をしていた会社の株価は、かなり遠く離れた3位でした。私の推奨は十年一日どころか二十年一日で「3位を買って、1、2位の売りまたは中立」でしたから、推奨実績は惨憺たるものでした。

私が外資系証券アナリストになってから丸20年経った2007年に、金融業界に暗雲が漂いはじめ、翌2008年は土砂降りの暴風雨状態となりました。もうこの業界も保たないだろうと思ったことでもあり、私の推奨には株式市場を動かす力がないと思い知らされたことでもあり、私はこの業界から足を洗いました。皮肉なもので、私が証券アナリストをやめたころから、かつての万年3位企業が首位、かつての1、2位企業が2、3位争いという新しい株価構造に移行しはじめました。現在は、すっかりその構造が定着しているようです。

私の担当業界がどこだったのか、大手3社とはどこかは、この本のテーマとは関係がありませんから、あえて実名を出しませんでした。このへんの事情は、新刊の拙著『投資はするな！　なぜ2027年まで大不況はつづくのか』（ビジネス社）には、書いておきました。興味をお持ちの方はぜひお読みください。

正直なところ、自分が現役のうちに予想どおりの株価構造になっていてほしかったと思います。でも、そのためにもう5年、いやたった1～2年でさえもあの商売を続けていたかったとは思いません。当然こうなると思っていたとおりにデータは動いているのに、それでも動こうとしない市場を説得するために、10年、20年と労力を注ぎつづけるのは、あまりにも大きな時間の浪費だったと今でも確信しているからです。

私の担当業種自体が恐ろしく体質の古い業界だったので、私が推奨しはじめてから現在にいたるまでの30年強、収益本位の経営をしてきた会社も、収益よりパブリシティやプレステージが大事だという経営をしてきた会社も、まったく経営姿勢が変わっていません。ですから、だんだん市場が収益本位で企業を評価するようになった最近では、株価序列が逆転しました。というわけで、私には「自分の主張は間違っていなかった」という自己満足が残りました。

でも、もう少し社会情勢に反応のいい業界だったら、私が辞めたころには経営姿勢が逆転していて、市場が企業を収益本位で評価した結果が、昔の株価序列どおりだったということだってあり得ます。そうすると、私の勤め人生活の約3分の2は、いったい何だったんだろうということになってしまいます。

わたしのかつての同業者たちの中には、市場の評価と自分の予測とのギャップが2〜3年とか、4〜5年とかの比較的短い時間で埋まっていった幸運な人たちもいるのでしょう。ただ、その人たちでさえ、何度も同じような幸運に恵まれたようには見えません。

むしろ、この業界で長生きしている人たちは、担当企業が長期的に収益最大化の努力をしているかどうかには、ほとんど興味を持っていないような気がします。次から次へと金融メディアがくり出す「テーマ」に乗って、過大評価された企業をさらに過大評価し、過小評価された企業をさらに過小評価しながら、テーマが変わるたびに、なぜ投資判断が変わるのかについてもっともらしいこじつけをするのがうまい人たちが無事に生き延びているのでしょう。つまり、状況に押し流され、漂うだけでよければともかく、本気で株で儲けようとする人たちにとって投資判断の指針にはならないと思います。

2つ目の落とし穴は代理人リスク

2つ目は代理人リスクと呼ばれるものです。だれかの代理として動く人たちは、必ずしも依頼主のために最善を尽くすわけではなく、自分たちにとって最善の道を選ぶというリスクです。たとえば、株を買うのは、ほんの小さな持ち分とは言え、その会社の出資者になることを意味します。出資者としては、なるべくいい業績を上げ、企業規模も拡大し、株価も高くなり、配当も増やしてくれることを望みます。

ところが、企業経営者は、自分たちが役員として最大の報酬を受けることを目的として動きがちです。この場合の報酬には金銭的なものだけではなく、地位や名声といった精神的なものもふくまれてくるのですが。そして、株主の利益と経営者の利益は、往々にして対立します。しかも、株主のほうは、そうとう大きな機関投資家が混じっていても、しょせんは烏合《うごう》の衆《しゅう》であって、株主同士での意見の統一さえなかなかできません。一方、企業経営者は日常業務を円滑に行うためにも指揮命令系統をしっかり確立しています。

実際に企業がどちらの意向を反映して動いているかと言えば、圧倒的に株主ではなく、経営者のほうです。とくに、第二次世界大戦直後の１９４６年に、アメリカでほとんど戦後初の平時立法として、「ロビイング規制法」と称する贈収賄合法化法が成立してからの、アメリカ企業における経営者のお手盛り報酬の増大ぶりと、株主権の圧迫にはすさまじいものがあります。

この法律は、産業団体、企業、あるいは個人が政治家や官僚に献金をして自分たちに都合のいい法律制度をつくってもらうことは、正当で合法的な政治活動だと規定した、とんでもない悪法です。一応、「ワシントンの連邦議会に登録したロビイストを通じてであれば」という「歯止め」がかかっていることになっています。ですが、この制限によって連邦議会に登録したロビイストが、巨額の資金を動かす権限を独占してしまったので、政界、官界、企業・産業団体間の癒着はますますひどくなりました。

アメリカの企業経営がどこまで腐り果てているかを示す良い例が、「企業統治

（Corporate Governance）」の強調でしょう。「経営に不審な動きがあったとき、部下は上司を批判しにくい。だから、他社の経営に当たっている人を社外取締役として招けば、不正や疑問を率直に糺《ただ》してくれる」という論理で、日本でも1990年代あたりからマネをする企業が続出しました。

しかし、お互いに社長や会長、あるいは枢要の職責にある人同士が、他社の取締役会に招かれて、招いた人の不正をただすなどという行動をとることが考えられるでしょうか。社外取締役の本当の役割は、企業経営者同士の相互扶助です。つまり、「お宅の取締役会に出たときには、お手盛り昇給やお手盛りストックオプション枠の拡大を承認するから、うちでやるときもすんなり通してくださいね」ということです。ストックオプションとは、経営に当たっていた企業の株を、ふつうは退任時に割安で手に入れる権利のことです。

アメリカ企業の社長・会長（最近のアメリカ企業では最高執行責任者、CEOと呼ばれることが多いですが）の報酬は第二次世界大戦直後から、一般勤労者の約40～50倍と、現在でも20倍前後にとどまっている日本に比べれば、非常に高かったのです。その差が、社外取締役制度の普及とともにさらに拡大して、現在では200～300倍になっています。

もっとひどいのは、自分たちが無能で経済環境の変化に対応できずに経営していた企業を潰してしまった張本人が、「こういう困難な時期こそ、有能で経験豊富なトップを巨額のボーナスを払って引き留めておくことが必要だ」という議案を取締役会に出して、ほぼ例外なく全会一致で可決してしまうことです。こうして、本来であれば少しでも多く債務を返済し、一般職員の給与を払い、それでも残る資金があれば株主に引き渡すべき資金を、アメリカの企業経営者たちは自社を潰した無能さに対する報酬としてせしめているのです。

代理人リスクが生ずるのは、特定企業の株を買ったときだけではありません。たとえば、さまざまな企業の株を買って運用している投資信託を買ったとしましょう。それは、その投資信託のポートフォリオ（保有している株の銘柄やそれぞれの株の比重のことです）に入っている個々の企業の中に株主と経営者のあいだの代理人問題を抱えているうえに、その投資信託を運用している投資顧問会社と買い手である個人投資家のあいだの代理人問題も抱えこむことになるのです。

残念ながら、金融会社がさまざまな工夫をこらしてくり出してくる新商品の大部分は、顧客である投資家が儲けようと損しようと、とにかく自分たちのところに確実な手数料収入が生じるように設計されています。ひところ大繁盛だったヘッジファンドの場合、運用実績にかかわらず、年間運用総額の2パーセントの手数料を取り、運用で利益が出た場合には成功報酬として利益の20パーセントを取るというあこぎな商売をしていました。最近では業界内での競争も激化し、運用実績もパッとしないファンドが増えたため、そこまで強気の料金設定ができるヘッジファンドはほとんどなくなりましたが。

　アメリカの証券会社や投資銀行は、中小零細機関投資家や個人客を露骨にカモとして見ています。ゴールドマン・サックス証券にいたっては、かなり大きな機関投資家まで、カモにしています。2000年代初頭にゴールドマン・サックスは、新興国・発展途上国の株や債券を買いあさったのですが、動きが悪くて処分に困った時期がありました。そこですなおに捨て値処分をしないのがこの会社のしぶといところで、「これからはBRICs（ブラジル、ロシア、インド、中国）の時代だ」と大キャンペーンをして、自社は損を出さずに売り抜け、客の投資家たちに大損をさせたのです。

　実際にカネを払っている客でさえ、そういう扱いをする金融機関が多いのですから、「手数料タダ」をウリにしているネット系証券会社が「客」をどう見ているかは、推して知るべしです。近ごろ急激に業績を伸ばしているロビンフッドにいたっては注文を出した客の「どの銘柄を何株」という情報を他の証券会社に売って収益をあげています。この情報を買った証券会社は、もちろん「客」の先回りをして利ざやを稼いでいるわけです。

　私が知っているかぎりでは、日本の投資顧問会社などのいわゆる機関投資家の中には、初めから「顧客より自分が儲けてやろう」という運用をしている確信犯の代理人問題は、ほとんどありませんでした。ただ、怠惰さなのか、臆病さなのかわかりませんが、世間的に高く評価されている機関投資家や、外資系の機関投資家の行動をまねることによって、取れるはずの利益を取り損ねたり、出さなくてもいい損失を出したりといったケースは、数えきれないほど見てきました。

たとえば、じつに多くの日本の投資顧問会社が「ガイジン」ウォッチングをしています。そして、ガイジンがいっせいに日本株を買うと、もう高値になってしまったあとからついて行く、彼らが手じまい売りをして安くなってから売らざるを得なくなるといった投資行動を性懲りもなくくり返してきました。

1989年の大納会（その年最後の営業日）に3万9000円目前で史上最高値を付けてから、その後約25年間にわたる日経平均の値動きは、じつに単純明快です。だいたい1万円前後まで下げると、外国人投資家が静かに買い出動します。2万円前後まで上がると、派手に買い注文を入れます。そして、日本の機関投資家が食いついてきたところで、手じまい売りにかかるのです。

すると、もともと経済環境に根拠があって上げた株価ではないので、外国人投資家が売りに転換したとたんにかなり大幅に下げます。「ガイジンが買っているから」というだけの理由で高値づかみをした日本の機関投資家は、安値で損切り売りをせざるを得なくなります。その結果、日本株市場では、派手に売買をくり返した都銀・地銀などの株式保有シェアが下がり、諦めて静観していた生損保などのシェアが比較的堅調だったという奇観を呈しています。「この人たち、ほんとうにこれで飯を食っているのかな」と思うほど、機関投資家が相場下手《べた》だという代理人リスクが大きいのです。

なお、たびたびの手前ミソで恐縮ですが、このへんの事情も拙著『投資はするな！』に書いておきました。興味がおありでしたら、お読みください。

２０１６年ごろから、この状況に変化が出てきました。外国人投資家が売りに入っても日経平均が下がらないどころか、上がりつづけています。１月中旬には、２万８０００円を超えています。これは、ひとえに日銀が日経平均連動型の日本株ＥＴＦを買いまくっているおかげです。

日銀が私たち日本国民の代理人だと見るか、取引相手だと見るかは、人それぞれでしょう。ですが、私としては、どちらにしろあまり信頼を置いてはいけない組織だと感じています。もう日経平均採用銘柄の中には、日銀が筆頭株主という会社がそうとうな数出てきました。日銀は、こうした企業の経営まで引き受けるのでしょうか。それとも、いずれどこかで手放すのでしょうか。これだけ多くの企業の主要株主になってしまった今から、大暴落を招かずにこっそり放出するなどという離れ業《わざ》ができるのでしょうか。

3つ目の落とし穴は取引相手リスク

3つ目は取引先リスクです。これは、主として債券市場に関わるものと考えればわかりやすいでしょう。債券を買うのは、その債券を発行した会社、国の政府、地方自治体が、約束どおりに金利を払い、償還期限が来たら元本も返してくれるはずだと信頼しているからです。

しかし、取引相手である企業、国、地方自治体は、いつもこの信頼に応えてくれるとは限りません。潰れるはずのなかった会社が潰れ、国家財政が破綻し、地方自治体が債務不履行を起こすといった事態は、1世紀とか、半世紀という長いスパンで見れば、けっこうひんぱんに起きていたことです。

「現代経済ではさまざまな安全網（セイフティネット）が張り巡らしてあるから、そんなことはめったに起きない」と、主張する人たちもいます。たいていは、どんなに危険な経営判断をしても損失が大きくなれば国が国民の税金で尻拭いをしてくれるとタカをくっている借り手側を代弁する人たちの、ポジショントークです。

逆に、その安全網がますます借り手を無謀な放漫経営に向かわせているのが実情です。

この傾向は、2007～09年のいわゆるサブプライムローン・バブル崩壊に端を発した国際金融危機のときに、アメリカ政府とアメリカの中央銀行に当たる連邦準備制度がなりふり構わず金融機関ばかりか、大手生命保険会社や自動車会社まで損失補塡をして救済してから、ますます顕著になりました。

発行体が国であれ、地方自治体であれ、企業であれ、債券を「確定利付き商品」と呼ぶことがあります。毎年何回かに分けて、決まった金利配当を続けていき、返済期限が来たらきちんと元本を返済する、将来入ってくるであろう収益の確実性が高く、リスクの低い金融商品だということです。ですが、それはあくまでも「社会・経済情勢が激変しなければ」という条件付きの「確定」です。

情勢が激変すれば、どの程度本来の約束に近いかたちで金利の支払いや元本の返済ができるのかは、交渉次第となります。しかも、すでに債券を発行して得た資金はなんらかの用途に使ってしまっている債務者側と、現実に持っているのは債券という名の借用証だけの債権者側の交渉です。立場としては「ない袖は振れない」と居直ってしまえる債務者側が圧倒的に有利です。

怖いのは、債券を発行する側としては一見いちばん信用度の高そうな国家が、じつはけっこう危ない存在だということです。国は企業と同じような意味で潰れることは、ありません。いや、できませんと言ったほうが適切な表現でしょう。どんなに国債の利払いが遅れたり、元本を一律何十パーセントかカットして返還したりをくり返して信用が低下しても、国民がいるかぎりそれなりの政府を維持せざるを得ません。

また、どこかほかの国に借金を肩代わりしてもらったために、その国に国民もろとも身売りするということもありません。近代以前にはそれもありでした。スコットランドは独立国でしたが、17世紀半ばにイングランドに借金を立て替えてもらった代償として、（まだイングランド王国と名乗っていたころの）大英帝国に吸収合併されてしまいました。

つまり、現代国家はかなり財政規律が乱れていても、借金取りが大勢押しかけてきても、払えないものは払えないと居直ってしまえば、それなりに持続する経営体（Going Concern）だということです。ただし、この点で、政府の国民に対する借金である財政赤字と、自国の他国に対する借金である経常赤字では、かなり性質が違ってきます。

政府の国民に対する借金は、結局世代間での負担の分担問題になります。国の国民に対する借金が大きくなりすぎたとしましょう。現在世代が元利耳を揃えて返してもらえば、将来世代の税負担の増加を招くでしょうし、将来世代の税負担増加を防ごうとすれば、現在世代がある程度の債権放棄や軽減を受け入れるのは致し方ないといった問題です。どちらを選ぶかについて、国内で合意が成立すれば、それでよいわけです。

しかし他国に対する経常赤字の累積は、そう単純な話にはならないでしょう。返済見通しがまったく立たなくなれば、債権国連合が債務国の実物資産を差し押さえに行くといった事態は、あり得ないことではありません。まあ、現代経済最大の経常赤字国アメリカは、同時に世界最強の軍事大国ですから、今のところ可能性はゼロに近いでしょうが。ただ、アメリカだって、国内各地で左右両派の暴力的な激突が日常化し、いつ内乱状態になるかわからないというような状態になれば、どうでしょうか。債権国が、取り立てておけるうちに少しでも多くの債権を回収しようと動くかもしれません。

株は長期投資には向かない金融資産だ

ご注意いただきたいことがあります。それは、2つ目と3つ目はリスク、つまり起きることも起きないこともある可能性の問題ですが、1つ目の時間はそうではないという事実です。時間は必ず過ぎ去り、一度過ぎ去った時間はどうあがいても戻ってきません。

ちょっと大きな本屋に行けば、ビジネス書のコーナーには、『こうすれば、何年でXX万円儲かる』といったタイトルの本が、何冊も並んでいます。おそらく書いた方々は、ほんとうに投資によって資産を築くことに成功した幸運な人たちなのでしょう。でも、株でも、債券でも、外国為替でも、輝かしい成功者1人に対して夢破れ、なけなしの元手を失ってさびしく市場から去っていった人たちが何人いるのだろうかと気になります。

ちょっとこれからの議論を先回りすることになりますが、なるべく長く資産を目減りさせずに持ちつづけたいと思ったら、どんな資産を持つべきでしょうか。すぐに避けるべきだと言える資産が、ふたつあります。ひとつは、ときの経過によって価値が劣化する資産です。金と銀は、たんに値段が違うだけではなく、時間による価値の腐食が起きるか、起きないかという重要な違いがあることは、すでに第1章でご説明しました。

もうひとつは、世間の評価によって価値が変動する資産です。株はまさにその典型です。株を発行している企業の業績はある程度予測できますが、世間の評価は、いつどういう方向に変わるか、まったく予測できません。この点については、「今は評価が高いが、将来低くなる株もある代わりに、今は業績の割に評価が低いけれども、そのうち再評価される株もあるのではないか」と思われるかもしれません。

一般論としては、たしかにそのとおりです。でも、まるで現代の聖者のようにもてはやされているウォーレン・バフェット流の「割安株の長期保有」という方針には、2つ難点があります。1つ目は、すでに私の証券アナリストとしての失敗談でお分かりいただけたと思います。「業績がいいのに割安な銘柄の株価は必ず上昇する」としても、その予測が実現するまでに何カ月、あるいは何年かかるのかわからないという、時間枠の不確定性です。

当たり前のことを当たり前と市場が認識するまでに20～30年かかることもあります。バフェット自身も、割安株長期保有方針で成功する最大の秘訣は「健康で長生きすること」だと言っています。これは、まさに名言であり、掛け値なしの真実だと思います。

2つ目は、今高い評価を得ている株に取って代わるのは、現状で業績がいい割に評価の低い株だけではないことです。むしろ、今の高成長株に取って代わるのは、まだそんな仕事が収益事業として成立するのかさえ確かではない、新興分野で有力企業にのし上がった会社だったということのほうがずっと多いのです。一方、割安に見えていた企業の多くが、長期的に衰退する産業分野に属しているので、やがて業績は株価にふさわしい水準に下がっていきます。

それでは、ハイテク、情報通信、インターネット関連といった、いかにも次世代のスターが出現しそうな分野の未公開株や新規上場株を狙うべきでしょうか。こうした分野の株は、一般投資家が取引できる状態になったときにはもう、そうとう割高になっています。おまけにこの分野は技術の陳腐化が激しいので、じつは中長期的に高収益を維持できる企業の比率がその他の産業分野より低いのです。

現在の花形銘柄はすでに割高、未来の花形銘柄は途中で消えてなくなるリスクも考えればもっと割高、割安株は今後地盤沈下する産業分野に多く、業績のほうが株価にさや寄せしていく危険が大きいとすれば、いったいどんな株が長期保有に適しているでしょうか。そんな株はほとんどないと思います。

もちろん、昔からずっと株は長期保有に向かない金融資産だったわけではありません。重厚長大型製造業の全盛期には、株価の動きと経済の発展のあいだには、幸せなウィン・ウィン関係がありました。株価が上昇する好業績の銘柄は、新株発行増資でも、社債発行でも、良い条件で巨額の資金を調達できます。

大型設備投資ができる企業は高品質の製品を同業他社より安く提供して、他社の市場シェアを食って伸びていきます。こういう企業に早くから投資していた人たちは、持ち株の資産価値も上がり、新株発行などにも積極的に応募して着実に資産家への道を歩んでいきます。

この関係が崩れはじめたのは、世界中で経済全体を牽引《けんいん》する産業が製造業からサービス業へと転換した、1990年代あたりだったと思います。サービス業は、基本的に製造業ほど巨額の設備投資を必要としません。また、規模が大きいことは、必ずしも高収益を生むとはかぎりません。このころから、株式市場、そして金融市場一般が経済全体に占める地位は徐々に縮小していくべきだったのだと思います。日本の株式市場の長期低迷は、この世界的な金融業の役割低下をすなおに反映した唯一の実例だったのではないでしょうか。

現在、ほとんどの国でサービス業を中心とする第3次産業の消費支出に占めるシェアが製造業を中心とする第2次産業の2倍を超えています。アメリカではほぼ4倍に達しています。これは人間の欲求が、まず生命を維持するために不可欠の食べものから、着るもの、住むところといったさざまなモノへと広がり、やがておもしろいこと、快適なことへと広がっていく過程で自然に起きたことです。

サービス業主導経済では、人それぞれの趣味嗜好が違っているのに応じて、多種多様なサービスを提供する多くの企業が併存する社会になっていきます。規模の大きさが収益性の高さを保証するような業界構造ではないので、それぞれの業界に圧倒的に高いシェアを持ったガリバー型寡占と呼ばれるような巨大企業が育たなければいけない理由はありません。

企業経営における金融の重要性が下がるのですから、株式市場が経済全体に果たす役割も、低下して当然だと思います。この自然の流れに逆らって、もう一度、世界中で数社の巨大資本が経済全体を牛耳るような世界を構築しようとするのは、失敗が約束された愚行ではないでしょうか。

貨幣の三角形に大異変が起きている

こうして考えてきますと、価値が世間の評価に依存する度合いの高い資産は、ほぼその

図13 商品と貨幣の砂時計

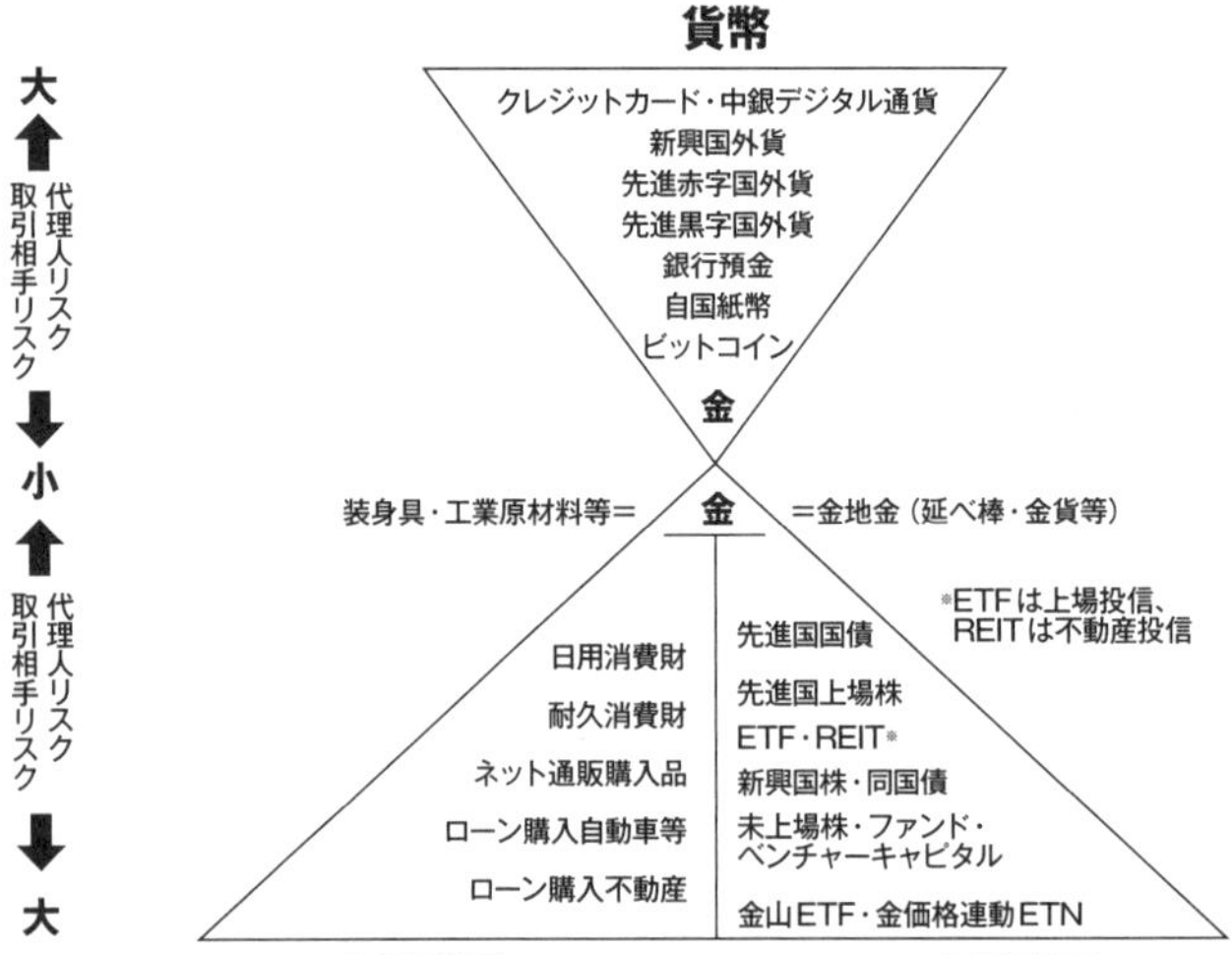

出所：著者作成

まま代理人リスクや取引相手リスクの高い資産だということに気がつきます。そこで第1章でご覧いただいた「資産の砂時計」を私なりにアレンジして、「商品と貨幣の砂時計」をつくってみました。

図13の模式図です。版権は取っておりませんので、経済金融情勢を考えるとき、頭の整理に役立つとお考えになる方は、どうぞご自由にお使いください。

上の逆三角形は、さまざまな貨幣をとても手間のかかっているものから、なんの人為的な工夫もせずにそのまま貨幣として通用する金までを並べてあります。だいたいこれまで申し上げてきたことのおさらいですが、いちばん上に置いたクレジットカードと中銀デジタル通貨、そして金のすぐ上に置いたビットコインについては、コメントしておく必要があるでしょう。
クレジットカードと中銀デジタル通貨の共通点は、なんでしょうか。「現金なし社会《キャッシュレス》」化を推進する道具として、世界各国の政府や中央銀行が大々的に推奨している、とても人工性の高い貨幣だということです。

どちらも現金を持ち歩く必要を省いて、カードを読み取り機にかけるだけで決済ができる利便性をセールスポイントにしています。ただ、その利便性の代償として、自分がどんなものを、いくらぐらいで、どの程度の頻度で買っているかの情報を握られてしまいます。
私は最近、「少額の買いものをするときでも、できるかぎりカード払いができる店で買う。そうすれば、月に1回カード会社から送られてくる日付、商品、金額が記載された通知で自動的に家計簿を付けられるから便利だ」とおっしゃる家庭の主婦がいると聞いてびっくりしました。その方は、カード会社にご自分の支出のパターンが握られることにどんなに大きなコストがかかっているか、ご存じないのでしょう。

実験経済学とか行動経済学と呼ばれる新しい分野の経済学があります。「人間は同じものならなるべく安く買おうとする」といった前提をいっさい取り払って、実際に人間がどんな状況に置かれたときにどんな行動をするかを実験しながら、経済の仕組みを見直していくことを目的としています。この新しい研究関心がさまざまな発見を生みました。そのひとつが、「人間はちょうど自分がほしいなと思っているときに、手間をかけずにその商品を買うことができるなら、どのくらい割高になっても買うか」という研究成果です。

なんと、3割から5割も割高になっていても買うというのです。ひんぱんにクレジットカードで買いものをするご家庭には、「あれがほしいな」とか「あれはもうそろそろ買い替えなきゃ」と思ったころに、ちょうどそういう商品やサービスのメールやダイレクトメールが飛びこんでくることが多いのではないでしょうか。そこで紹介される商品やサービスは、かなり割高になっていると思います。

最近、世界各国の政府や中央銀行がデジタル通貨の発行にご執心なのは、マイナス金利をできる限り浸透させたいからです。なぜマイナス金利を浸透させたいかと言えば、経済を活性化させるためには投資を拡大させるしかないという固定観念に縛られているからというのが、表面的な理由です。

「企業がカネを借りると利子を払わなければならないどころか、金利を受け取ることができれば、どんどんカネを借りてくれるだろう。まったく使わずにいるわけにもいかないので、何かに投資するだろう。中には経済成長率を高める投資もあるかもしれない」といった、風が吹けば桶屋が儲かる式のいい加減な論理です。ただ、消費者は金利がマイナスに、つまり預金をすると保管料を取られるようになったら、引き出して現金のまま持つようになるので、なかなかマイナス金利は浸透しないのが難点です。

この難点を強行突破しようとするのが、中銀デジタル通貨です。「現金を廃止して、消費者はデジタル化した口座を使った決済しかできないようにする。その口座に入金したカネは時間が経つにつれて価値が下がるように設計されていて、持っているだけだと損をするから、遣わざるを得ない。そうなれば投資だけではなく消費も活発になるので、経済は活性化する。おまけに国民全体の資金の出入りを全部監視できるので、脱税は不可能になる」ということで、政府・中央銀行にとってはいいことずくめじゃないかと思っているのでしょう。

しかし、市場経済のすばらしさは、「何を、いくらで、何個」という情報さえ交換すれば、売り手と買い手のあいだで取引が成立するところにあります。買い手がだれであるかを明らかにする必要がないからこそ、だれもがはた目を気にせず自分の趣味や嗜好を最大限満足させる取引ができるのです。

クレジットカード会社や政府・中央銀行に何をいくらで買ったかを逐一つかまれてしまう経済になったら大変です。ビッグデータを駆使してできる限り効率よく消費者の持ちガネを搾り取ろうとする巨大企業や政府に、分散し、孤立した個人が立ち向かわなければならないという構図になります。

ビットコインの出現は、金融史に残る大事件だ

私は、当初サイエンスフィクションの中に出てきそうなお話のように思われていた暗号通貨ビットコインが、通貨としても金融資産としてもしっかり定着しそうな最大の理由はそこにあると思います。今から12年前の2008年10月末、おそらくは数人の研究者グループが、サトシ・ナカモトのペンネームで『ビットコイン白書』という論文を発表しました。この論文で彼(ら)が強調したのは、決して新しい通貨のあり方ではありません。ものみな電子化する世の中で、現金決済もデジタル化した場合に、どうすれば金銭やり取りの無名性を確保できるかでした。

つまり、「信頼すべき第三者」の保護も監督もなく、売り手と買い手が平等な立場に立って1回こっきりで後腐れなしの現金決済と同じように、デジタル空間の中で金銭のやり取りをすることは可能かということです。あらゆる金銭決済は中央銀行が発行するデジタル通貨に一本化され、売り手、買い手、受け渡された金額が一元管理される社会の到来を、かなり早くから予期していたのでしょう。

ナカモトは「いくつもの分散した帳簿に金銭授受を記録していくが、一定の間隔でこの

分冊《ブロック》に鍵をかけて閉じていく。閉じたあとでも閲覧はできるが、新しい項目を追加することはできない。そして、この分冊を閉じる権限は特定の個人や組織が握るのではなく、定期的に発表される方程式に正解を出した人が閉じることにする。なんのインセンティブもなしに正解を出そうとする人はあまりいないだろうから、正解者の出した解答はビットコインと名付けた暗号通貨1単位と認める」と提唱したのです。

まだ正解が出ていないので開いている分冊には、次々に間違った解答やビットコインを使った取引記録が記帳されていきます。だれかが監視しているわけではありません。過去に閉じられた分冊に記帳された項目を読むことはできますが、特定の口座の出入金記録はさまざまな分冊に飛び飛びに記入されているので、本人でなければ時間を追って追跡するには莫大な時間と労力が必要です。分冊を閉じる役割を果たす採掘業者は、競合より少しでも早く正解にたどり着こうと努力していて、開かれた分冊に何が記録されているかをのんびり見ている余裕はありません。

つまり、デジタル空間に証拠は残るのですが、信頼すべき第三者の保護も監督もなく、無名性を維持した取引ができるわけです。監視機関も代理人も不要、取引相手はいるけど、ビットコイン自体がほんものであることさえ確認できれば、相手の信用チェックも不要という取引の場が設定できたのです。

ビットコインが金融の歴史に果たした最大の功績は、デジタル空間に記録を残しながら無名性を維持できる取引の場を設定したことです。このいくつもの分冊にわけられ、時間の経過とともに古い分冊は閉じられ、新しい分冊が開かれていく帳簿のことを、英語ではBlock Chainと呼び、日本では分散台帳と訳しています。

発表されたのがちょうど国際金融危機のまっただ中だったこともあって、この論文に金融業界が注目することはなかったと記憶しています。興味を抱いたのは「俺もその方程式を解いて、ビットコインってやつをもらおうかな」と思った暗号マニアぐらいでしょう。正解を出す作業を金鉱掘りに見立てて「採掘」と呼んでいます。採掘されはじめたころは、暗号マニアにとっては勲章だけれども、実社会で支払い手段として使おうとすれば、モノポリーゲームの中のドル札同様無価値に近かったようです。

それが今では、ビットコイン1個に金約20トロイオンス分の価値があるところまで資産価値が上昇しているのです。いかにデジタル空間の中で無名性を維持した取引ができる通貨に対する潜在需要が大きかったかの証拠でしょう。ビットコイン自体は、デジタル空間に記憶された十数ケタの数字と文字の羅列に過ぎません。世間が「あんなものにはなんの価値もない」と思えば、その瞬間に価値を失ってしまいます。

ただ、ビットコインは当初から、代理人リスク、取引相手リスクをいかに回避するかを慎重に検討して設計されています。だからこそ、それ自体はまったく価値のない数字と文字の組み合わせに、これだけ大きな価値があるというコンセンサスが形成されているのでしょう。私は、この分散台帳技術は暗号通貨以外にもさまざまな分野で応用が可能だと思います。

2020年のアメリカ大統領選は、250年近い歴史を持つ大統領選の中でもとりわけ不明朗な結果となりました。大手メディア、大手SNS、もちろん民主党側は、なんの不正もなかったと断言しています。ですが、共和党支持者の約7割、今回投票した人たちの約3分の1が、不正投票、不正開票によって本来圧勝していたはずのトランプが大統領職を追われたと信じています。

私は不正な投票や開票を防ぐ技術は、すでにできていると思います。日本であれば衆参両院の国会議員選挙、アメリカであれば大統領選や連邦上下院議員選挙は、選挙区ごとに1分冊の帳簿を宛て、有権者には投票箱を開ける鍵となる暗号をひとり1票で配布し、投票期限が来れば投票箱を自動的に閉じるシステムにすればいいのです。もちろん、開票作業自体は選挙管理委員会がやるでしょうが、だれでも暇と根気があればどの候補に何票入ったかを確認できるように、閉じた投票箱は少なくとも1から2年は閲覧可能にしておきます。

考えてみれば、そもそも政治・社会・経済・外交などのすべてにわたって自分の投票権を白紙委任できる人などめったにいないでしょう。いっそ、国会に提案されそうな議案はすべて公募し、議案ごとに有権者に投票箱の鍵を配布する国民投票で決めるほうがいいかもしれません。政治家という代理人を必要としない直接民主制による国政運営です。

与野党を問わず、政治家という存在自体が既得権益のかたまりのようなものですから、抵抗は激しいでしょう。でも、アメリカの政治社会情勢を見ていると、そのくらい抜本的な制度改革をしないと、いつ左右両派の暴力的衝突が絶えない国になってもおかしくないと感じます。日本は既得権益と言ってもささやかなものですから、案外抵抗は少なく、すんなり職業的な政治家のいない直接民主主義の国に変身できるかもしれません。

商品の三角形にも地味な異変が起きている

変形砂時計に話を戻しましょう。下の安定感のある幅広の三角形は、縦に仕切りを入れて、左側は消費者が自分で使うために買う実需商品、右側は収益をあげるために買う金融商品となっています。金は、宝飾品などのかたちで実需商品ともなり、資産価値を増やしたり、守ったりするための金貨・延べ棒などの金融商品ともなります。そればかりではなく、金は上の逆三角形を見ると貨幣としても使われています。とても使い勝手のいいすぐれものだとわかります。

そして、資産としてみた場合の金の特徴も、この変形砂時計でわかります。私は2011年に東洋経済新報社から『危機と金』という本を出しました。その中で強調したのは、「ほとんどの投資家が金はインフレになったときに資産価値を守るために有効だとご存じですが、じつは金はデフレのときにも価値を守りつづけるのです」ということでした。あらためて読み返してみますと、金はデフレでも価値を守ることを歴史的な実例でご紹介していますが、なぜそうなるのかは、あまりきちんと論じていませんでした。

しかも、その実例は主として1930年代大不況期の金とその他商品の値動きだったのです。大不況期には、ほとんどの商品の価格が暴落する中で、金は固定相場制で価格が下がらなかったので、金の購買力が急上昇したわけです。逆に、第二次世界大戦に突入して軍需景気に湧いていたころも、その後の戦後ブームのころも、他の商品は値上がりするのに金は固定相場に縛られていたので、金の購買力はほぼ半減してしまいました。今から読み返すと、あまり説得力のある議論ではなかったなと思います。

今になってみれば、金がインフレにもデフレにも強いのは、いともかんたんにご説明できることです。金は、変形砂時計でもおわかりいただけるように貨幣でもあり、商品でもあります。だから、インフレのときには貨幣価値が目減りしても影響を受けない商品としてふるまい、デフレのときには商品価値が目減りしても影響を受けない貨幣としてふるまうのです。ただし、この見方には、金が固定相場に縛られないかぎりという条件がつきます。固定相場になったら、当然金の購買力はインフレとともに下落してしまいます。

反面、主要国のGDPは安定成長で、インフレ率も比較的低めで推移し、経済金融制度に関する深刻な不安はないという時期には、金価格は横ばいになってしまいます。つまり、投資対象としては買い手に回っても、売り手に回ってもあまり魅力のない商品なのです。1980年代後半から、国際金融危機が勃発した2007年ごろまでが、まさにそういうベタ凪状態でした。

上段は、ニクソン大統領が「米ドルの金兌換停止」を宣言した1971年から2020年9月末までの、アメリカにおけるさまざまな金融商品の年間平均収益率です。断トツだったのがアメリカを代表する株価指数、S&P500で、ほぼ50年間にわたって年率10パーセントを上回る驚異的な伸びを続けてきました。2位が8パーセント弱の商品市況指数、3位が7パーセント台半ばの金です。ただ、下段で商品市況と金の値動きを比べていただくと、いかに金のボラティリティが低く、商品のボラティリティが高いかがわかります。図14－1、2のグラフをご覧ください。

国際金融危機直前までは、累計変化率で商品がかなりリードしていました。ですが、危機

図14-1 金のその他金融資産に対する相対パフォーマンス〈1971年1月1日～2019年12月31日〉

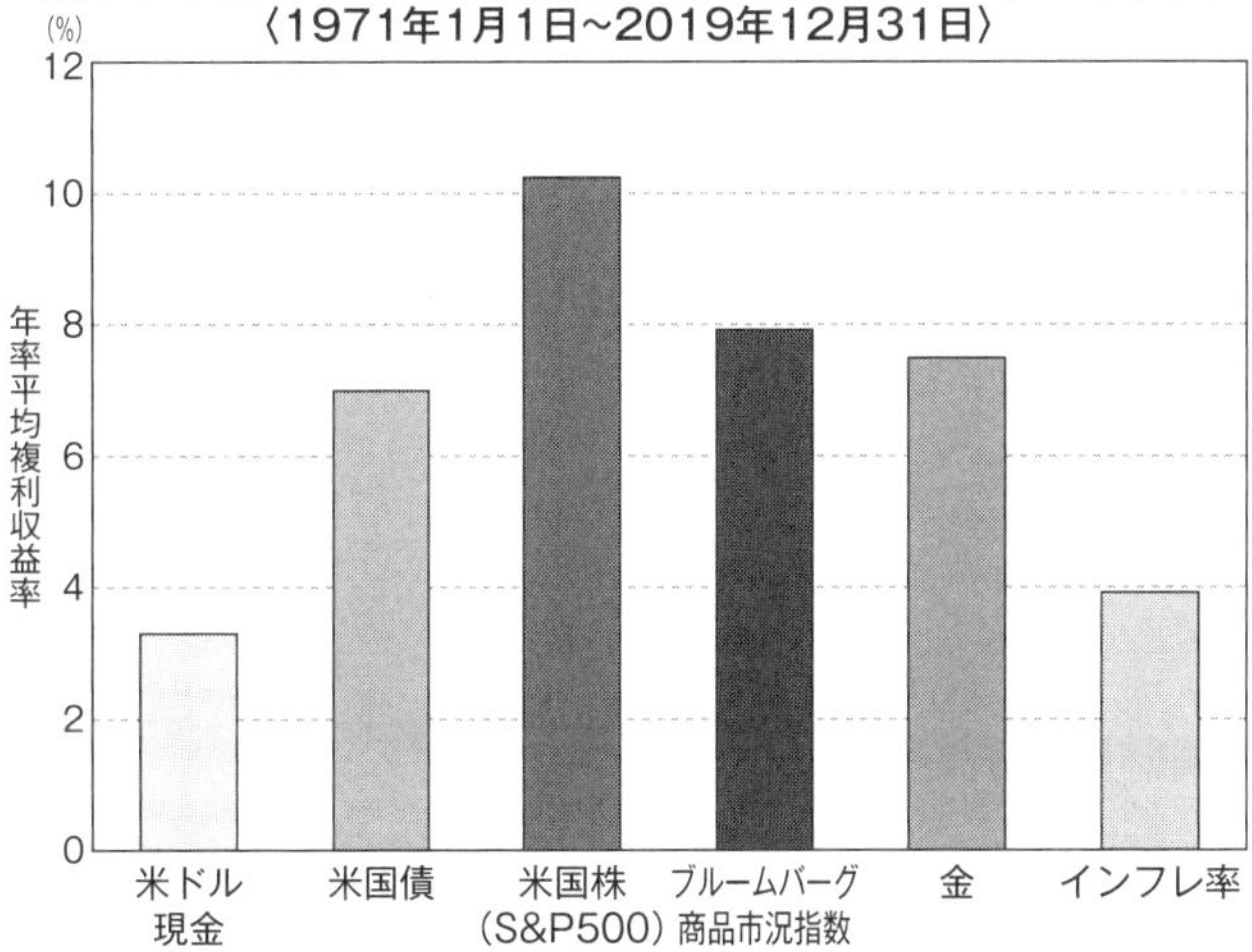

図14-2 金価格対商品市況指数〈1970～2020年〉

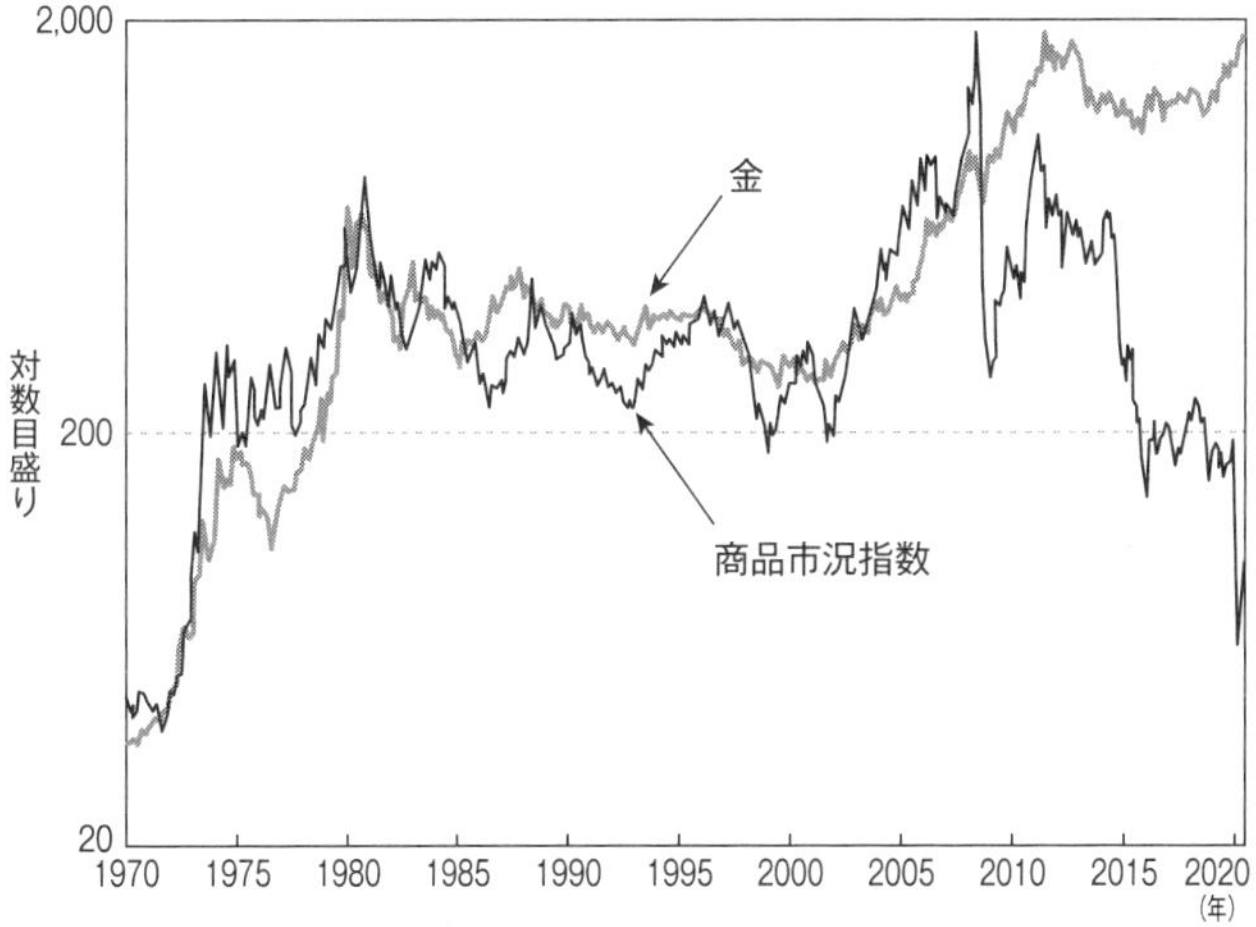

原資料：世界金評議会、金融投資情報サイト『DQYDJ』
出所：【上】ウェブサイト『Voima Gold』、2020年8月6日、【下】『Felder Report』、2020年8月5日のエントリーより引用

図15 金価格のその他金融資産との相関係数、2000~20年

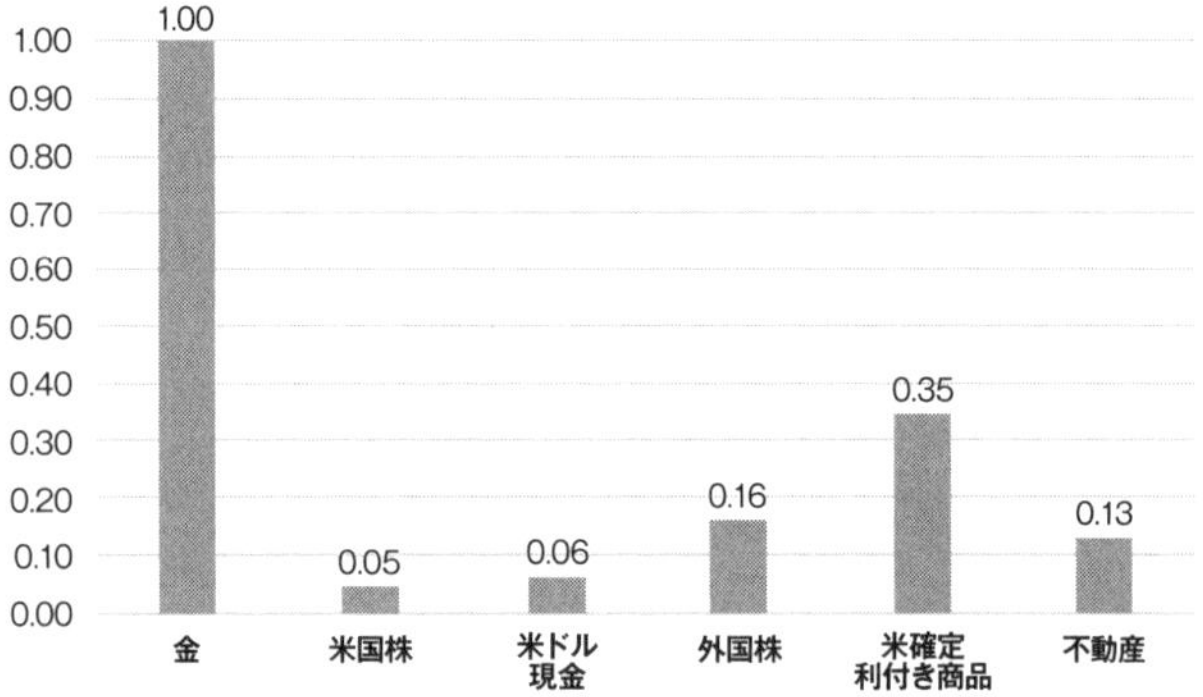

注：相関係数算出期間は2000年9月30日から2020年9月30日まで。金価格はGOLDS商品市況指数、米国株はS&P500株価指数、米ドル現金は米国財務省債0～3カ月物指数、外国株はMSCI EAFE指数、確定利付き商品はブルームバーグ=バークレイズ米国ヘッジなし総合債権収益指数、不動産はダウジョーンズ米国セレクトREIT指数を使用。
指数を直接売買することはできない。
原資料：ブルームバーグ

出所：貴金属投資顧問Sprott社、『Sprott Gold Report』、2020年10月14日のエントリーより引用

以降は圧倒的に金のパフォーマンスが良くなっています。金は2011年、そして2020年と2度にわたって史上最高値を更新していますが、商品市況のほうは、第一次オイルショック前で、まだ原油がバレル当たり2~3ドルだったころの水準に近づいています。

ボラティリティの低さと並ぶ金の特徴が、その他の金融商品との相関性の低さです。「金は不況に強いから株価とは逆相関ではないか」とおっしゃる方もいらっしゃいます。でも、実際には正の相関でも逆相関でもなく、ほぼ無関係なのです。図15のグラフに、この特徴がはっきり現れています。

左端の金価格の金価格に対する相関係

図16 金地金の年間投資収益率、2001～19年と2020年9月30日までの3四半期分

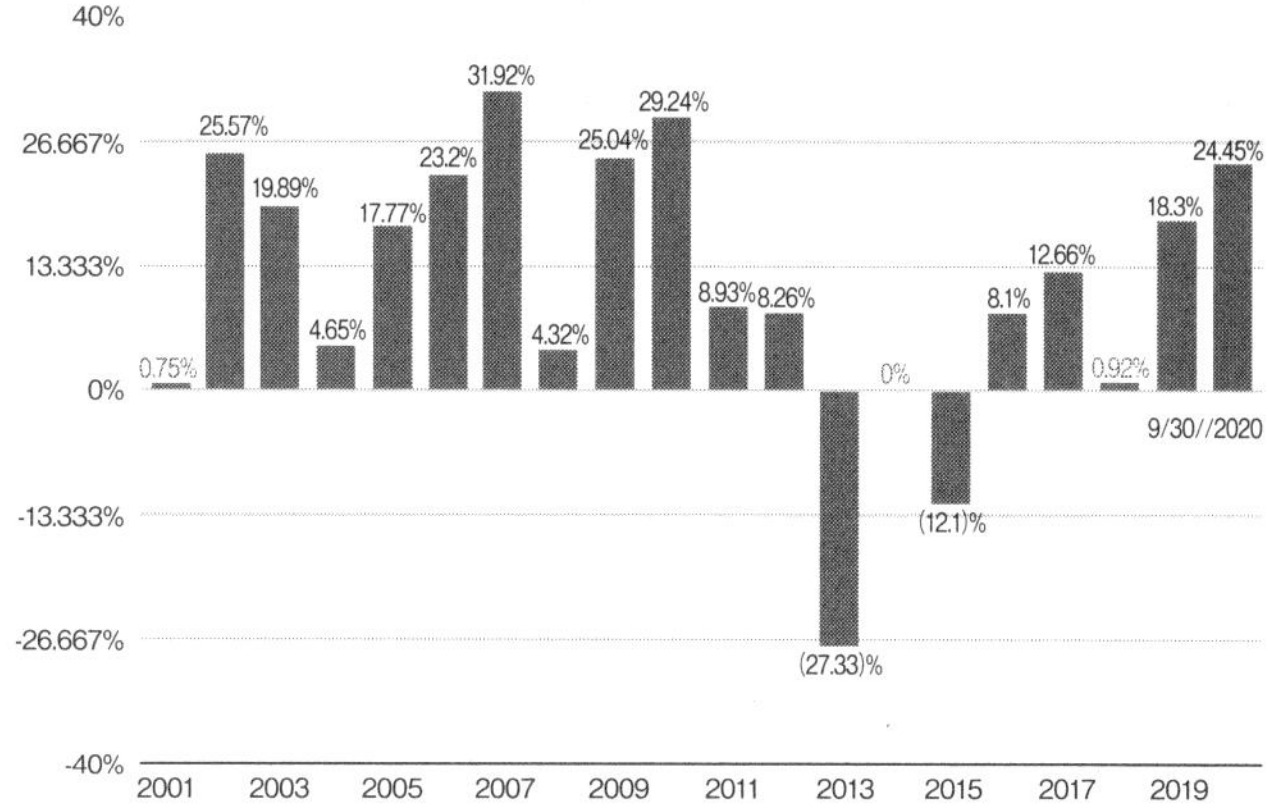

原資料：セントルイス連邦調査部、ICE Benchmark Administration、ロンドン貴金属市場協会（LBMA）のデータをUSA Goldが作成
出所：ウェブサイト「Market Oracle」2020年10月9日のエントリーより引用

数が１００パーセントなのは、当然のことです。ですが、次の米国株との相関係数が０・05、わずか5パーセントなのは、大いに意味のあることです。逆相関ではなくほぼ無関係ですから、暴落続きだった株価が反騰に転じたというような場合でも、金を保有していた方々があわてて売り急ぐ必要はないということです。

21世紀最初の20年間を見ると、図16のグラフにも出ていますが、まさに「黄金時代」と言ってもよいほど、金価格が大幅に上昇した年が多かったのです。

金以外の金融商品は、21世紀に入ってからも２０００～０２年のハイテク・バブル崩壊、２００７～０９年の国際金融危機と２度にわたってかなり大幅に下げ

図17 金、S&P500株価指数、債券、米ドル指数のパフォーマンス
〈1999年12月31日~2020年9月30日〉

注：金価格はGOLDS商品市況指数、S&P500総合収益はSPX TR、債券はブルームバーグ＝バークレイズ米国ヘッジなし総合債券収益指数、米ドルは米ドル指数（DXY）を使用。過去の実績は将来の収益の保証ではない。また、指数を直接売買することはできない。

原資料：ブルームバーグ
出所：貴金属投資顧問Sprott社、『Sprott Gold Report』、2020年10月14日号より引用

ました。ですから金ほど大幅に上昇しているわけではありません。ただ、それでもかなりの高収益をあげつづけています。図17のグラフが示すとおりです。

金の20年以上にわたって平均年率9・47パーセントの伸びは、この時期のアメリカの金融商品の中でも突出しています。これはやはり、代理人リスクや取引相手リスクを取りたくないという投資家心理を反映して、金に需要が集中したからでしょう。

年間平均収益率2位に入った、S&P500株価指数の総合収益率で6・10パーセントというのも、米国総合債券指数の5・17パーセントも、20年間の累計では3・5倍、あるいは3倍弱という立派な数字

です。なお、総合収益率とは、指数自体の上昇率だけではなく、S&P500株価指数に採用されている銘柄から受け取った配当をすべてこの指数の買い増しに使っていたら、どの程度の収益率になっていたかという数値です。

先ほど、金は株価と逆相関するわけではないと申し上げました。でも、全般的な金融危機には反応します。しかも、2007～09年のようにだれが見ても金融危機だとわかる時期に、安全な避難所として需要を集めるだけではありません。2018～20年のように、「経済全体は減速気味でも、金融市場が堅調だから大丈夫だろう」とお考えの方が多い時期にも反応するのです。

この金価格急騰が、「オオカミ少年の叫び」に過ぎなかったのか、本格的な金融市場激動の前触れだったのかは、まだわかりません。ただ、21世紀に入ってからの20年間で、年間上昇率がマイナスだったのはたった2年だけ、一方、じつに13回も上昇率が8パーセントを超えていたという事実は、やはり世界経済が危機モードに突入している証拠ではないかと思います。この見方を支持してくれる証拠もあります。それは図18のグラフが示す、金融株の低迷です。

これだけ金融資産価格が上がっているのだから、金融株指数もさぞかし上昇しているだろうと思いがちです。でも、2007年に国際金融危機が勃発する直前に付けた高値を、

図18 金価格と米国金融株指数推移〈2007~20年〉
2007年6月末を0とする累計変化率(%)表示

出所:ウェブサイト『Zero Hedge』、2020年8月14日のエントリーより引用

金融株はその後12年間抜くことができませんでした。この低迷ぶりをひとつ前のグラフのＳ＆Ｐ５００総合収益指数とお比べください。とんでもなく出遅れています。２０２０年初頭にようやく前回の高値に届いたと思ったら、またコロナ騒動で急落して、２０２０年７月末時点では２００７年の高値から２割弱下がっていました。

　金融商品価格は値上がりしているのですから、金融業各社の足下《あしもと》の業績が悪いわけではありません。むしろ、堅調です。それなのにこれだけ株価が低迷しているというのは、たんなる出遅れではなさそうです。市場は、今後金融業界にかなり大きなマイナス要因が出現すると読んでいるのではないでしょうか。

そのマイナス要因とはなんでしょう。金融市場が果たす最大の役割は製造業大手各社の巨額の設備投資のための資金調達だと思います。ですから、製造業の地盤沈下とともに、金融業のアメリカ経済全体に占める地位も低下すべきだったのです。ところが、アメリカの金融業界は１９９０年代以降も拡大しつづけ、現在も肥大化したままの状態です。この肥大化しすぎた状態に対する反動が、金融業各社の突然の収益劣化として現れるのでしょう。

サービス主導経済では、投資拡大による景気回復は空回りする

国際金融危機以降は、世界的にＧＤＰ成長率は減速しています。とくに製造業の落ちこみは大きく、各種実需商品の価格は低迷続きです。それなのに、金融商品価格は次々に史上最高値を更新するという状況は、やはり異常です。この異常さを象徴するようなグラフをご覧いただきたいと思います。

ふつう、どちらか一方が拡大しつづけているのに、もう一方が縮小しつづけることはありません。たとえば、金融商品が値上がりしつづけているのに商品市況が値下がりしつづ

図19 GS商品価格指数の対ダウジョーンズ工業平均相対価格
〈1900年1月～2020年4月〉

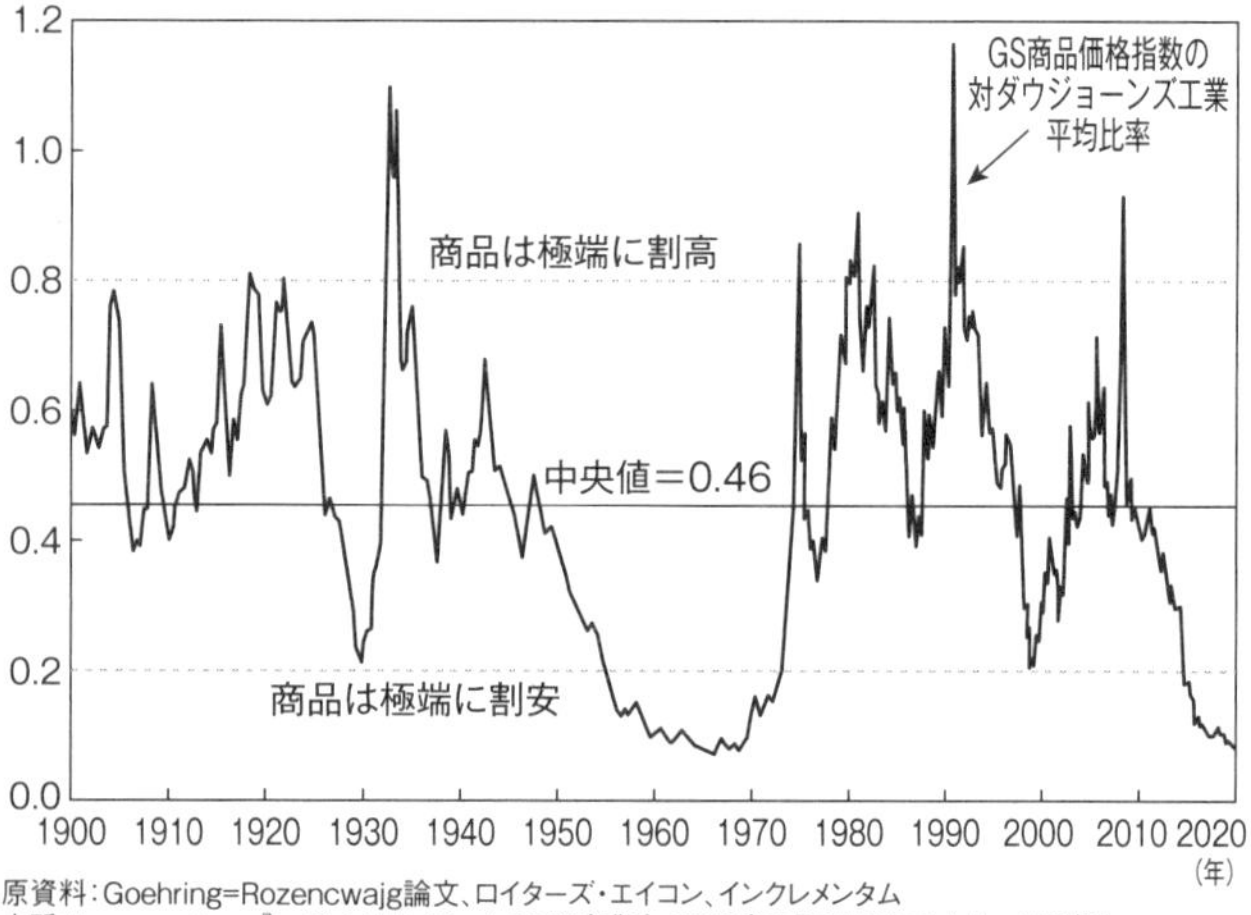

原資料：Goehring=Rozencwajg論文、ロイターズ・エイコン、インクレメンタム
出所：Incrementum、『In Gold We Trust 2020年版』、2020年5月27日のエントリーより引用

けている現在と似た状況を、このグラフから探してみましょう。

１９００年～２０２０４月までの長期統計で、ＧＳ商品価格指数のダウジョーンズ工業平均株価に対する比率は、上から下まで並べたときちょうどまん中に来る数値が０・46でした。０・２未満なら商品は超割安、０・８以上なら超割高とされています。戦後ブームが一段落して物価インフレも収まりつつあった１９６０年代半ばに、この比率が０・１前後と現状同様に極端に低下していました。

株を始めとする金融商品の値上がりが続いているということは、製造業各社による事業規模拡大などの積極投資に回せる資金は潤沢だということです。一方、市況商品の値下がりが続いているということは、製品を造るために投入する原材料価格は下がっていることを意味します。投下できる資金が潤沢で、原材料費が安ければ、いい品を安上がりに大量生産できます。こうして、景気も良くなり、GDP成長率も加速し、商品市況も上昇に転ずるはずです。

１９７０年代に入ってからの、商品価格指数の株価に対する比率は、実際に急上昇しました。最大の要因は１９７３年の第1次オイルショックで、ＯＰＥＣ諸国が原油価格の大幅引き上げに成功したことです。ただ、供給側が値上げをしても、需要側がその値上げについてきてくれなければ、上がった価格水準を維持できません。１９７０年代には、戦後復興から長期的な高度成長に転じた日本、ドイツの製造業各社がとくに旺盛な設備投資意欲を示し、急騰した原油価格を吸収した上で、業容を拡大する需要がついていたのです。

今回の景気サイクルでは、潤沢な設備投資資金と記録的な商品価格の低迷という2つの好条件に加えて、金利も超の字がつく低水準に下がっています。それでも実物経済面での投資が活性化しないのは、なぜでしょうか。私は、この商品の三角形の裏側にあるサービスに対する需要が拡大しつづけていて、製造業でいい製品を大量に造ってもあまり売れ行きが上がらず、むしろ売れ残り在庫の増加などで収益性を下げてしまう環境になっているからだと思います。

現代の先進国経済では、製造業生産物の消費全体に占める比率はほぼ軒並み20パーセント前後に下がっています。一方、第3次産業（広い意味でのサービス業）の比率は60～80パーセントに達しています。サービス業の中でも小売、飲食店、娯楽施設、宿泊施設などの個人消費向けのサービス業は、単純な規模の拡大によって収益性を上げるのがむずかしい業態です。むしろ、同時に同じ場所に売り手と買い手が存在していないと成立しない仕事が大半なため、急に事業を拡大すると収益性が低下することも多いのです。

私は、つい最近まで景気回復政策の大半が、金融緩和や財政刺激によって投資の拡大を目指していたのは、たんに政治家や官僚や政策立案集団の頭が古すぎるだけだと思っていました。ようするに、すでに経済全体がサービス化していて、投資拡大では有効な景気刺激策にならないことがわかっていないのだろう程度の理解だったのです。

地球温暖化対策にも、コロナ対策にも、明確な政策意図がある

でも、最近考えを変えました。20世紀末から急にいわゆる「ディープステート」の主力メンバーたちが熱心に「地球温暖化対策としての二酸化炭素排出量削減」を支持するようになりました。さらに、今回の新型コロナウイルス騒動では、あまりにも多くの欧米の都

市で、比較的致死率の低いコヴィッド－19という疫病自体より「疫病対策」としてのロックダウンのほうが、はるかに深刻な経済被害をもたらしています。

ロックダウンとは、都市全体の封鎖や外出禁止令などによって、人口の密集を防ぐ施策の総称です。実施している国や自治体ごとに、きびしさや、法律的罰則を伴うか、伴わないかなどで違いがあります。ただ、政策目標があいまいで効果も怪しいのに、多大な経済被害をもたらしているのはまぎれもない事実です。とくに被害が大きいのは、営業日数が制限されればたちまち経営に支障を来たす中小零細サービス事業者であり、その日の労賃でその日の生活費をまかなっているような最底辺の労働者たちです。

ロックダウンが導入された当初は、「短期間に大勢の感染者が出て病院や集中治療室のキャパシティが埋め尽くされることを防ぐ」という趣旨でした。それが徐々に「有効なワクチンが開発されるまで」とか、「集団免疫が確立されるまで」とか次第に長期化し、適用地域も増えています。しかし、ロックダウンを実施した地域のほうが感染者の増加率が低いという実証的なデータはありません。

一方、ロックダウンが、特に中小零細サービス業の営業拠点に壊滅的な打撃を与えていることについては、豊富な実証データがあります。これはもう、世界経済全体を破滅の淵に追いやっていると言っても過言ではありません。オーバーな表現とお思いの方が多いでしょう。でも、現代経済が製造業主導からサービス業主導に転換していることの意味を考えれば、これは決して誇張ではないのです。

それでもなお、ニューヨーク州知事のアンドリュー・クォモは、「2020年12月14日から、ニューヨーク市内のレストランでは室内のテーブルでの接客は全面禁止」という暴挙に出ています。冬の寒いニューヨークのレストランで屋外テーブルでの接客となれば、ふつうの風邪をこじらせて、ふつうの肺炎でなくなる方が増えるでしょう。いや、ほとんどのレストランが開店休業状態になってしまうはずです。

しかも、感染経路に関する実証研究によれば、80パーセント以上がホームパーティでの感染であり、レストランでの感染は1~2パーセントに過ぎないことを承知の上で、この政策を実施しているのです。意図的に中小零細サービス事業者を潰そうとしているとしか思えません。

そう考えると、「地球温暖化対策として二酸化炭素排出量を削減せよ。そのためには白動車をガソリンエンジン車から電気自動車・水素燃料車に変えよ。また、発電も石炭、石油、天然ガスの火力を全廃して、太陽光発電や風力発電などの再生可能エネルギーだけで需要をまかなえるようにせよ」といった主張の真の意図もわかってきます。

在来の火力発電から「再生利用可能」エネルギー源による発電への転換は、膨大な重複投資を不可避にします。天候次第、風力・風向き次第で発電量が激変する太陽光発電や風力発電だけでは、たとえキャパシティは充足していても、いつ日常生活を維持するために必要な発電量を割りこむかわかりません。そして、現代文明は、ひんぱんに停電事故が起きるような電力供給では維持できません。ですから、突然発電量が激減したときのために、在来火力のキャパシティも常備しておく必要があります。

かんたんに言えば、彼らはどんどん積み上がるばかりの投資用の待機資金を何がなんでも使いたいのです。どんなにムダな投資でも、投資が経済全体を「活性化」させ、最大規模の投資ができる一握りの巨大企業の経営者たちに経済権力が集中する社会を維持したいのです。数え切れないほどの中小零細企業がそれぞれ自主的に経営方針を決めてやっていくような社会では、自分たちの権力をふるう場所がなくなってしまうからです。

製造業主導からサービス業主導への経済構造の転換は、人間の欲求の対象がモノからコトへと移行するにつれて起きる、だれにも逆らうことのできない時代の趨勢です。その意味では、相変わらず一握りの巨大企業に経済権力が集中する時代を維持しようとするのは、近代機械制工業の成立期に職人たちが自分たちの職を奪う機械を破壊しようとしたラッダイト運動に似ています。

ただ、当時は古い生産様式を守ろうとする人たちが分散した個人たちだったのに対して、新しい生産様式を確立しようとしたのは近代的に組織された会社でした。だから、ラッダイト運動はかんたんに一蹴されてしまったのです。

今回は古い生産様式にしがみついているのが強大な組織であり、新しい生産様式を広めようとするのが分散化した中小零細企業や個人なのです。強大な組織の抵抗はかなり長期間にわたって続くでしょう。

これからは資産防衛の時期が続く

私は、今後少なくとも6～7年は投資で資産を増やそうとする人にとって、非常にむずかしい時期が続くと考えております。経済の混迷と物情騒然たる世相が一応収まるのは、2027年ごろと考えてきました。4～5年前から唱えている近代資本主義84年サイクル説では、2007～2027年の21年間が、通常なら10年に1度起きるか起きないかの危機が2～3年ごとに起きる長期不況の時期となるからです。

その終末点にいたるアメリカ経済衰退の経路としては、株式市場の閉店セールに過ぎない大手企業の自社株買いのための内部留保が底をつくのが、だいたい2027年ごろだろうといった、非常に平和な衰弱過程として見ていました。今はまったく違うイメージを持っています。現在経済権力を掌握している人たちは、多大の経済的犠牲と、場合によっては多くの人命の犠牲を払ってでも、巨大資本に権力が集中している時代から、経済権力という観念が希薄化する時代への転換を阻止しようとするでしょう。

アメリカ社会は大都市圏から崩壊していきます。これまで大都市中心部に住んでいた大金持ちがサンフランシスコ、ボストン、マンハッタンの豪邸を売って、郊外や地方、海外に移住していきます。

政治社会的な暴力の激発や、コロナ恐怖の過剰宣伝によって、人口の密集した大都市に住むのは危険だという意識が浸透したことも大きな理由です。それとともに、大都市に住んでいても、食事やライブ音楽を聴き、劇場で芝居を見るときの選択肢が狭まっていて、大都市生活の魅力が薄れていることも大きな理由です。この傾向はコロナ騒動以前からありましたが、コロナで一挙に加速しました。

このままでは、大都市中心部に住むのは、かろうじて運行している公共交通機関に頼らなければ、生計が維持できない貧しい人たちと、彼らが日用品を買う店だけになってしまうでしょう。サービス業経済にとって大勢の買い手が多種多様な売り手と出会うことのできる大都市の商業集積が衰退することは致命的です。でも、現在経済権力を牛耳る人たちは、経済のサービス化という逆らうことのできない趨勢自体を阻止しようとしているのですから、そんなことは歯牙にもかけないでしょう。

彼らのサービス業潰しと巨額重複投資による製造業主導経済維持のこころみが、結局ムダな抵抗だったと判明するまでには6~7年はかかるでしょう。その間、あらゆる積極投資が、経済権力を掌握している人たちによる重複投資に付随するものとなって、収益を生むどころか、元本丸損の危険が大きいと思います。再生可能エネルギーによる発電、電気自動車や水素燃料車の開発に便乗した分野での投資は、すべて数年でエネルギー効率の悪さによって撤退せざるを得なくなる袋小路でしょう。

一方、6~7年という歳月は、カラ売りポジションを維持するには、あまりにも長い期間です。また、カラ売りには売り建てた金額の何倍、何十倍という損失リスクがともないます。

時間はじつにさまざまなことをやってのけます。たとえば、この世に存在するモノのほとんどは、時間の経過によって価値が磨滅していきます。もちろん、きちんと造られ、保存もいいワインや蒸留酒の中には、歳月を経て価値が増すものもあります。ただ、それは圧倒的少数派にとどまります。酸化しないので価値がまったく変わらない金もまた、圧倒的少数派です。

この時間の経過によるモノの劣化はリスクではなく、不可避の物理的な現象です。そして、時間の経過によって価値が摩滅する資産は、一般論として避けるべきですし、とくに積極的な資産拡大より、少しでも安全な資産防衛を心がけるべき時期に選ぶのは得策ではありません。

金は過去に採掘されたストック量が、毎年の生産量に比べて非常に大きい金融資産です。今後の供給拡大によって値崩れする危険も皆無に近いです。だから、金は価値保全を目指すには理想的な金融資産と言えます。

第3章

守りの資産戦略では何を重視すべきか

金の売りどき、買いどきとは

前章では、なぜ投資を避けるべきなのかについて、3つの重要なポイントを指摘しました。ここでその要点をまとめますと、以下のとおりです。

1．投資には3つの落とし穴があり、その中でも一度過ぎ去ってしまえば戻ってこない時間の損失が大きい。失われた時間を埋め合わせることができる資産は少ないが、金は時間による腐食をまぬかれる。

2．製造業主導経済からサービス業主導経済への移行につれて、投資が経済成長を促進する役割が低下している。したがって、投資から得られる収益も確実に低下する。

3．アメリカで、経済権力が集中する製造業主導経済を守ろうとする勢力が過剰投資・重複投資を推進し、中小零細サービス企業潰しを図っている。今後6～7年は経済が混乱し、金融市場は暴落する。

さらに、第1章の末尾では、なぜ長期にわたる資産価値保全のための金投資はお勧めするけれども、短期の値幅取りで儲けようとする方には、金は本当に価格の予測がむずかしい商品なのかということもご説明しました。その要旨は以下のとおりでした。

金市場での最大「生産者」はコイン、延べ棒、装飾品として金を退蔵している膨大な数の個人世帯です。もともと売りたくないものを一定額の資金を捻出するために売る場合が多いので、価格が高ければ供給量を減らし、価格が下がるほど供給量を増やす傾向があります。つまり、金はふつうの商品の供給曲線とは正反対に、価格が上がると供給量が下がり、価格が下がると供給量が上がるという、不安定な右肩下がりの供給曲線を持っています。一方、需要曲線はふつうの商品と同じように、高ければ少ししか買わないし、安ければたくさん買うことを示す右肩下がりです。

右肩上がりの供給曲線と、右肩下がりの需要曲線が交わるふつうの商品の均衡点近くでは、ちょっと値動きがあっても、元の均衡点に戻る力が働きます。ところが右肩下がり同士の接点である金価格の均衡点からちょっと値動きがあると、どんどんその方向に値動きが拡大してしまうことが多いのです。

金の需給は、ほんの少し均衡点から外れただけで、次の均衡点にたどり着くまで大きく変動する傾向があるということです。この傾向は、「需要超過だから値上がりする」「供給超過だから値下がりする」というふうに需給関係で価格を予測する人にとっては悪夢のようなものでしょう。この点から見ても、金への投資は、目先の価格変動に右往左往せずに長期保有で臨むのが正しい方針です。

それでもやはり、「いつ買えばいいのか、いつ売ればいいのか、何かしら目安、あるいは手がかりが欲しい」とおっしゃる方もいらっしゃるでしょう。調べてみました。ヒントは、前章112ページの図15「金価格とその他金融資産との相関係数」です。一般的にその他の金融資産との値動きの相関性が低い金ですが、中では確定利付き商品、つまり債券との相関性はプラス35パーセントと比較的高い正の相関性を持っていました。

ということで、金価格と債券、具体的には米国債10年物の実質金利の値動きを比べてみたのが、図20のグラフです。

ご覧のとおり、2018年年初から2020年半ばまでの金価格と米国債10年物の実質金利は、ぴったり寄り添うように動いています。「でも実質金利のほうは目盛りが逆に刻んであるから、これは正の相関ではなく、逆相関ではないのか」というご質問があるかもしれません。前章でご覧いただいた確定利付き商品とは、具体的には債券総合収益指数を指していました。つまり、その債券の値上がり率と、金利配当との合計でどのくらい収益が出たかということです。

すべての債券は金利が下がると値上がりし、金利が上がると値下がりします。債券を買

図20 金価格と実質金利推移〈2018~20年〉
実質金利の低下が金現物価格を押し上げている

原資料：ブルームバーグ
出所：ウェブサイト『Zero Hedge』、2020年7月24日のエントリーより引用

うのは、定期的に金利収入を得る権利を買うことです。そして、金利が高ければ高いほど同じ金利収入を得るために必要な元手は小さくて済み、金利が低いほど大きな元手が必要です。たとえば、金利２パーセントのときには年間10万円の金利収入を得るために必要な元手は５００万円ですが、金利が１パーセントに下がると、１０００万円の元手が必要になります。つまり、債券価格が２倍に上がってしまったというわけです。

上のグラフに戻りますと、金価格が２０１８年８月に底打ちし、あとを追うように米国債10年物の実質金利が同年11月に天井打ち（債券価格としては底打ち）しています。このグラフには、もうひとつ注

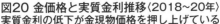

目していただきたいことがあります。それは、米国債10年物の金利がマイナスに転落してから（グラフ上では左軸の0から引いた水平線より上に出てから）、この2つの価格の相関性が一層高まっているということです。

これは非常に重要なポイントです。なぜなら「できるかぎり金投資は避けるべきだ」あるいは「金投資は、投資ではなく投機だ」といった批判をされる方々の多くが、「金は増殖もしないし、金利も配当もつかない。値上がり益を狙っただけのギャンブルだ」ということを論拠にしているからです。

たしかに、金はそれ自体としては収益を生まない資産です。でも、同時にどう考えても価格がマイナスになることはない資産です。金が、引き取ってもらうにはお金のかかる廃品として扱われることはありえないでしょう。しかし、確実に金利収入を生むと信じられていた債券は、じつはインフレ率を差し引いて考えると、マイナスの金利収入＝損失を招いているのです。

米国債10年物はまだ名目金利はプラスで、実質金利がマイナスになったという状態ですが、日本やユーロ圏では名目金利もマイナスということが多くなっています。国債を買って持っていても資産が目減りするのであれば「マイナス金利によって徐々に元本価値が下がっていく国債を持っているよりは、少なくとも確実に値下がりするわけではない金を

図21 金価格と実質金利推移〈1978~2020年〉

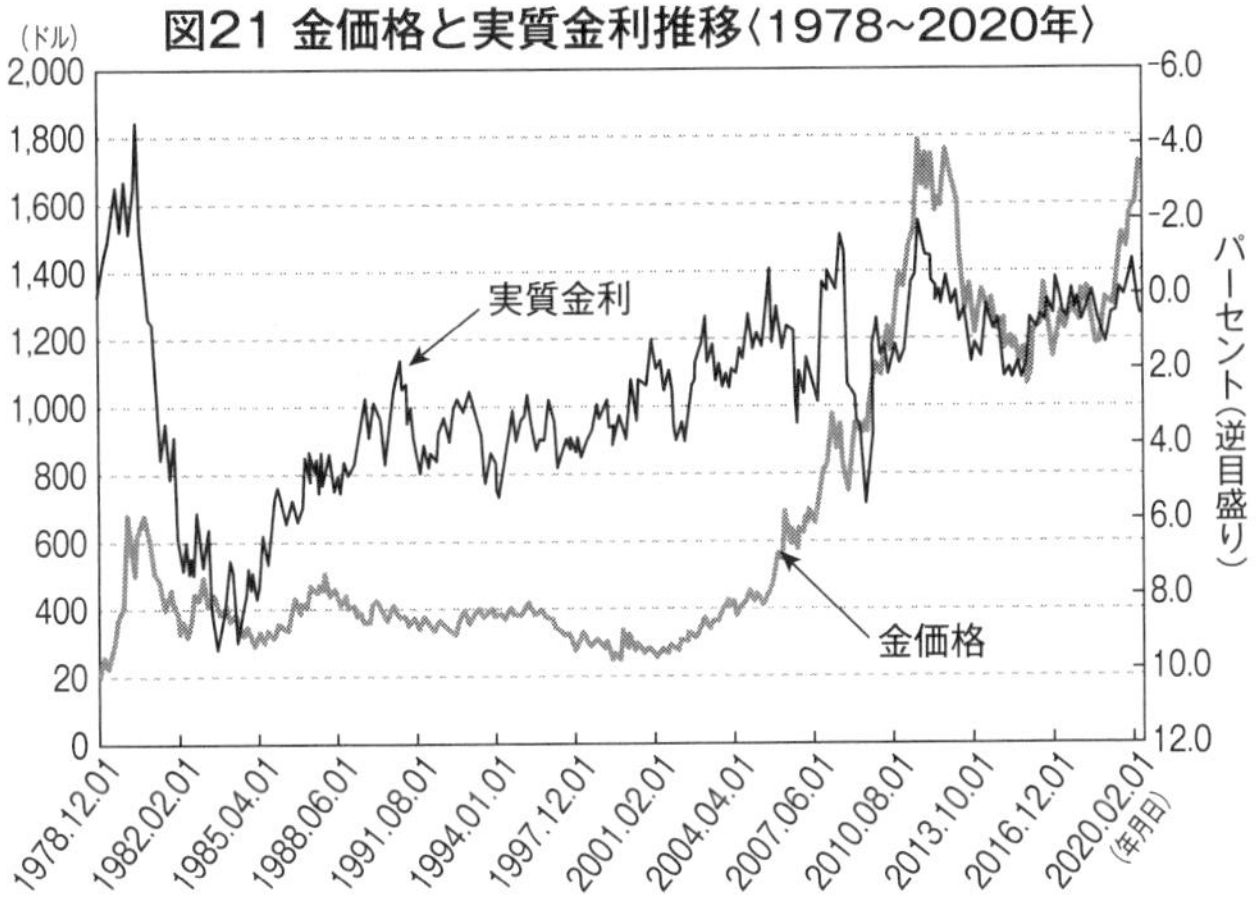

注：金価格は月間平均、実質金利はセントルイス連銀調査部データから、毎月の10年物実質金利を算出

原資料：世界金評議会(WGC)、セントルイス連邦準備銀行
出所：ウェブサイト『Two Centuries Investment』、2020年8月11日のエントリーより引用

持っていたほうが得だ」と思う投資家が増えるのは、当然です。そう考える投資家が増えて実際に金を買えば、金は値上がりします。

ということは、国債の実質金利がゼロ近辺かマイナスで、そこからさらに下がったのにまだ金価格が上がっていない場合には、金を買うチャンスだということです。逆に、実質金利が明らかにプラス方向に動いたのに、金が下がっていなければ、金の売りどきということになります。

「そんな、だれにでも売り買いのタイミングが分かるようなうまい話が、実際にあったのだろうか」とお考えかもしれません。ありました。図21のグラフにははっきりと出ています。

左端の1978～82年ぐらいで起きていた、金価格と実質金利の激動にご注目ください。当時のアメリカ経済は、経済は停滞状態《スタグネーション》なのにインフレ率は高いので、スタグフレーションと呼ばれた怪奇現象に悩まされていました。連邦準備制度（FRBまたはFedと略します）議長だったポール・ヴォルカーは、かなり危険な賭けだったと思いますが、インフレ率を抑えこむために、国債の名目金利を急上昇させる政策を取りました。

1979～80年には、米国10年債の名目金利は10～15パーセントにも上がったけれども、インフレ率はそれに輪をかけた16～20パーセントという水準に舞い上がっていて、国債の実質金利もマイナス4パーセントにまで下がってしまいました。1978年までトロイオンス当たり200ドル前後で低迷していた金価格は、1979年後半から急騰に転じ、1980年1月には「もうこの記録は永遠に破れないだろう」とまで言われた800ドル台に乗せてしまったのです。

1980年夏には、インフレ率のほうは「ヴォルカーのインフレ退治」が成功して急低下し、国債の実質金利はプラスに転じていました。一方、金価格は1979年後半から1980年末まで約1年半にわたって600ドル前後で高止まりしていました。実質金利はマイナスに転落したのに金価格が200～300ドル前後だった時期に買って、実質金利がプラスに再転換したのに金価格が600ドル台にとどまっていたうちに売っていれば、元手を倍増させることができたのは確実です。

１９８０年初頭の金価格暴騰とその後の急落については、以下のような説明が定説となっています。「１９７０年代末に、ハント兄弟という投機屋たちが、銀の買い占めによる値上がりを狙った。この買い占めは彼らが目論んでいたほどの大儲けにはならなかったが、連れ高した金も大暴騰した。結局、金銀とも経済的な根拠のない急騰だったから、下落に転じてからも急激な暴落となった」。

ハント兄弟による銀買い占め自体は、たしかに事実だったようです。そして、１９７８年にはトロイオンス当たり5～6ドルで取引されていた銀は、１９８０年の最高値では50ドル目前の49ドル45セントに達しました。この記録はいまだに破られていません。２０１６年以降なかなか超えられなかった20ドルの壁を、２０２０年やっと突破した程度です。それなのに、投機筋の買いが入ったわけではなく連れ高しただけの金も大暴騰したというのは、あまり説得力を感じません。

私は、米国10年債の実質金利がゼロからマイナス金利に下がったことに対する経済合理性のある暴騰であり、その後の急落も10年債実質金利のプラスへの再転換によって説明したほうが理解しやすい動きだったと思います。読者の皆さんは、どうお考えでしょうか。

ただし、この金価格と実質金利の連動性は、実質金利がゼロ近辺からマイナスのときだけ発揮されることにご注意ください。1984年から2004年までの21年間、実質金利は延々と下げつづけたのですが、ゼロにもマイナスにもなりませんでした。一方、金価格は実質金利の動きとはほとんど関係なく、300ドル台から400ドル台前半の狭いレンジ内でのゆるやかな上下動にとどまっていたのです。

すでに金をお持ちで、売りどきに興味があるとおっしゃる方は、米国債10年物の実質金利に目配りされることをお勧めします。プラスに転換したら、おそらく売りどきだということです。逆に、10年債の実質金利はマイナスにとどまっているのに金価格が下落に転じたら、売りより押し目買いのチャンスである可能性が高いでしょう。

やっと金山株にも我が世の春が巡ってきたのか

資産保全のために金地金《じがね》を買うことの妙味は、売買が成立して自分のものとなった金には代理人リスクも取引相手リスクも、まったくないところにあります。自分の代わりに、金に働いて稼いでもらうわけではありません。また、「この金はいつ、いくらで買い取ります」という貴金属業者の保証や約束があるから価値があるわけでもありません。

金地金を買わずに金山株に投資するのは、現物投資であれば存在しない代理人リスクや取引相手リスクを引き受けることになります。一般論としてお勧めできるスタンスではありません。

なお、複数の株で構成され、上場して市場で売買できるファンドは、ETF（Equity Traded Funds）と呼びます。これに対して、資金を募って集めたカネをたとえば金地金の購入に使い、その中の持ち分を証書として市場で売買する金融商品をETN（Equity Traded Notes）と呼びます。どうでもいいような違いに見えますが、けっこう重要な差があります。ETFはそこに組み入れられた銘柄の組み入れ比率で加重平均した株価にはぼ連動して動きますが、ETNはそうとも限りません。

金地金を根拠資産としたETNの中で最大規模のスパイダーズ・ゴールド・トラスト・ゴールド・シェアズ（証券コードGLD）はときおり、微妙に違う動きをします。手数料を差し引かれる分だけ、山は低く、谷は深いというだけでもありません。金地金を買わずに金山株に投資するのは、現物投資であれば存在しない代理人リスクや取引相手リスクを引き受けることになります。一般論としてお勧めできるスタンスではありません。ただ、金融機関に相談に行ったりすると、金の現物を一回買ってそのまま長期保有などというほとんど手数料の入らない運用はなんとかやめさせようというセールストークをされます。

そして、さまざまな金融商品の値動きを見比べると、これだけ金が値上がりしたのに、

図22　金山株とS&P500株価指数の企業価値／EBITDA倍率比較〈2006～20年〉

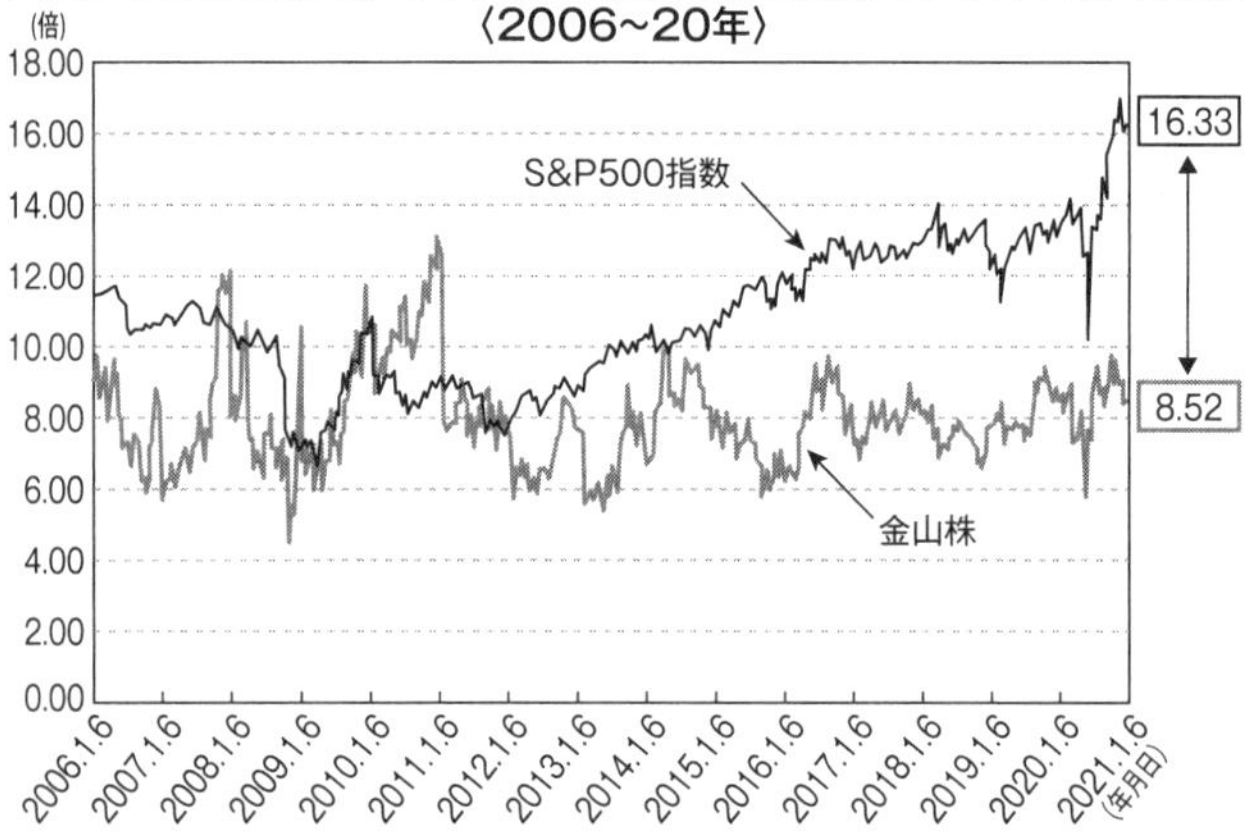

注：金山株はGDMEVEBT指数、S&P500株価指数はSPXEVEBT指数を使用。最新データは2020年10月12日現在の数値。指数を直接売買することはできない。

原資料：ブルームバーグ
出所：貴金属投資顧問Sprott社、『Sprott Gold Report』、2020年10月14日号より引用

金山株、金山株で構成された上場投資信託（ETF）や、金地金を根拠資産とする上場投資証券（ETN）の値動きがあまりにも鈍かったりするので、ついつい「同じ金関連の金融商品なのだから、こちらも上がるのではないか」と思いがちです。金融機関に行けば、ほぼ例外なく何度も手数料が取れる取引を勧められます。そういった事態への理論武装として、金山株ETFや金地金ETNの危険さをご説明しておきたいと思います。

まず、金山株一般にかなりの割安感があることから確認していきましょう。上のグラフに出ているとおりです。

図22のグラフがいったいどういう比率の推移を追ったものかをご説明します。

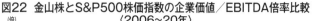

企業価値とは、大ざっぱに言えば自己資本と総債務の合計額です。「借金も価値に含めるのか」とお思いかもしれませんが、金融機関も投資家も返せないだろうという相手にカネは貸しません。だから、大きな借金は大きな財産なのです。

企業価値に対する分母となるＥＢＩＴＤＡとは、税や支払い利子や減価償却費を差し引く前の利益のことです。企業価値をＥＢＩＴＤＡで割るのは、その会社が実際に稼いでいる利益に対して、何倍の価値があると市場が評価しているかを見るということです。

ご覧のとおり、Ｓ＆Ｐ５００株価指数全体としては16・33倍で、年間収益の16年分以上の価値があると見られています。金山株指数のほうは、わずか８・52倍で、年間収益の８・５年分の価値しかないと見られているのです。非常に割安に放置されている銘柄が多いということです。図23で金山株指数自体の値動きを見ましょう。

一応、金価格同様、国際金融危機直後のブル相場に続く第2のブル相場に入っています。ただ、金価格のほうは２０１１年の高値を抜いているのに、金山株のほうは２０１１年の高値から２０１６年の底値までの半値戻しを達成した程度にとどまっています。この業界を代表するＥＴＦであるヴァンエックベクトル金鉱株ＥＴＦ（証券コードＧＤＸ）にいたっては、第2次貴金属ブル相場の中で値下がりしています（図24）。

このさえない値動きを、図25の中堅金山株ＥＴＦ、ＧＤＸＪと比べてみましょう。

図23 出遅れの目立つ金山株のパフォーマンス〈2008～20年〉

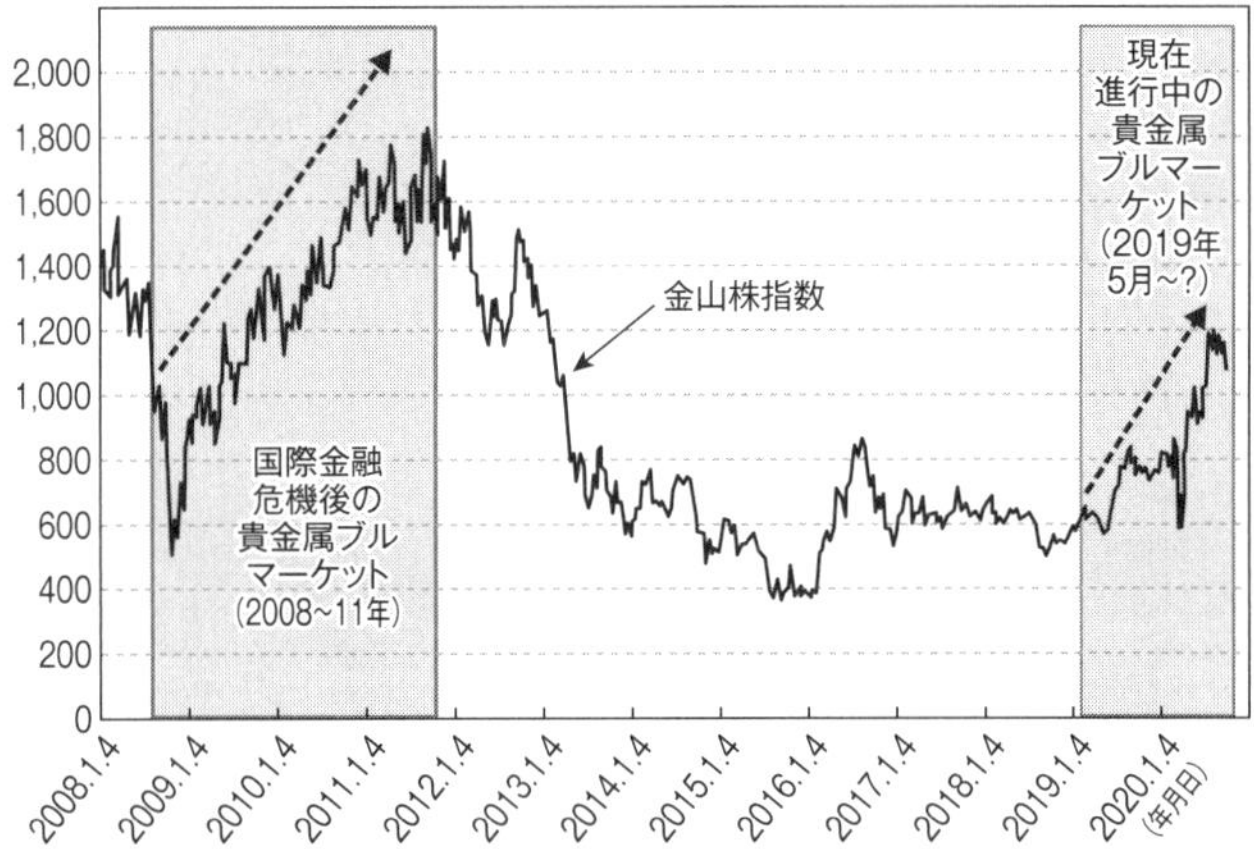

注:金山株指数はNYSE　Arca金山株指数を使用。指数を直接売買することはできない。

原資料:ブルームバーグ
出所:貴金属投資顧問Sprott社、『Sprott Gold Report』、2020年10月14日のエントリーより引用

図24 大手金山株ETF、GDXの時価総額は、2017年水準から15%も下落〈2006～20年〉

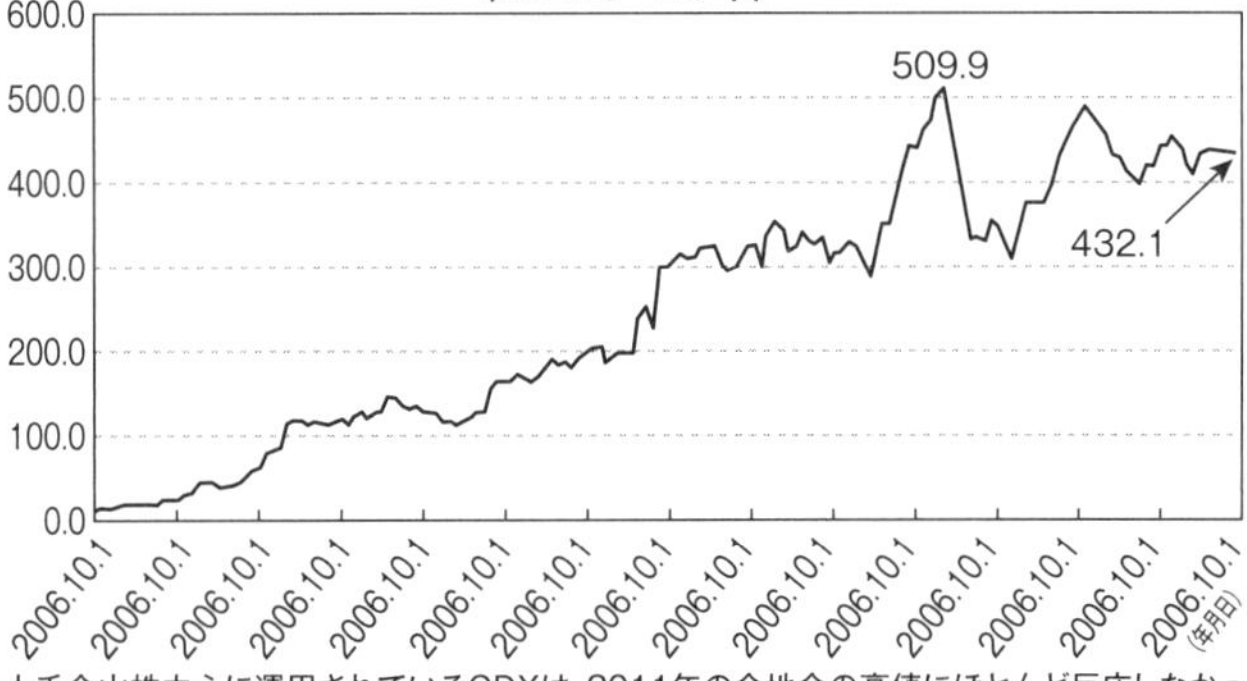

大手金山株中心に運用されているGDXは、2011年の金地金の高値にほとんど反応しなかった。その後、2017年の年初には509.9の高値を付けたが、2019年以降の金地金の第2のブル相場ではむしろ値下がりしている。金の採掘と精錬を本業としている企業群がこれほど金価格上昇に無反応なのは、やはり金山運営会社の経営体質に問題があるのではないか。

注:指数を直接売買することはできない

原資料:ブルームバーグ
出所:貴金属投資顧問Sprott社、『Sprott Gold Report』、2020年10月14日のエントリーより引用

図25 金山株ETF価格の金価格に対する比率推移

大手金山株ETF GDX〈2007~20年〉

中堅金山株ETF GDXJ〈2009~20年〉

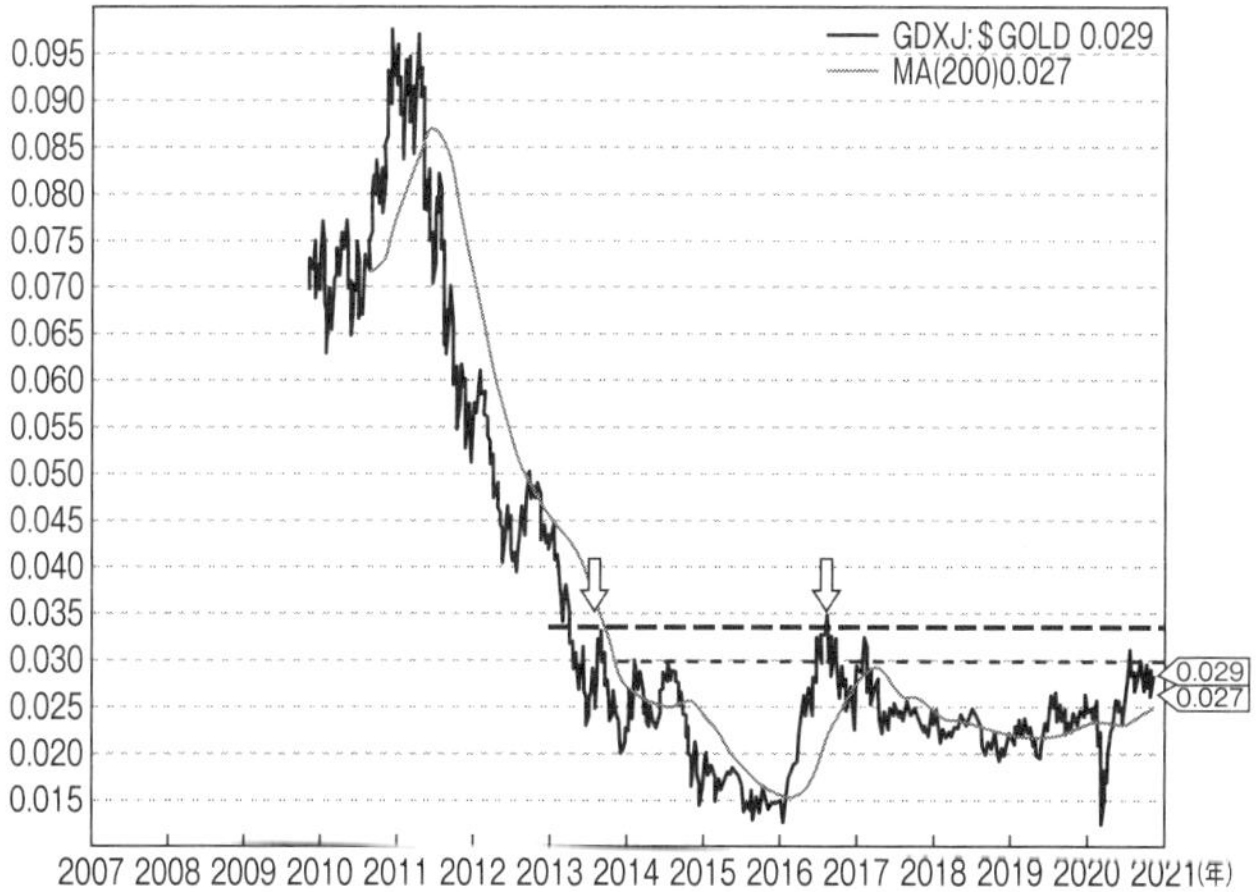

出所：ウェブサイト『Daily Gold』、2020年11月16日より引用

図26 各種金融商品の投資収益率比較

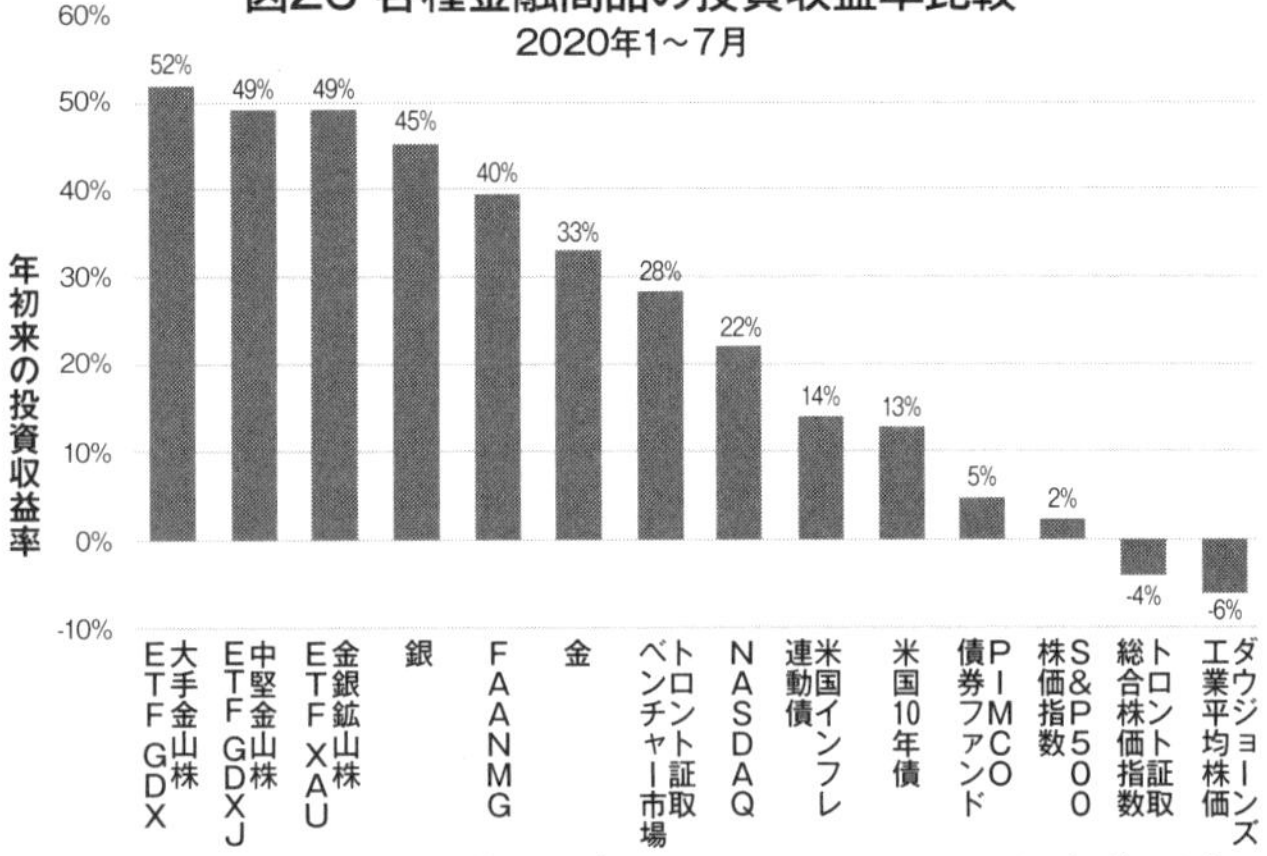

注：FAANMGはフェイスブック、アマゾン、アップル、ネットフリックス、マイクロソフト、グーグルの6社
原資料：S&Pキャピタル IQ、S&Pダウ・ジョーンズ指数
出所：ウェブサイト「Katusa Research」、2020年8月7日のエントリーより引用

Ｊがついたジュニア版のほうは最低限、２０１１年の第１次ブル相場には参加しています。ただ、２０１６年以降は兄貴分同様の低迷ぶりです。しかし、Ｓ＆Ｐ５００株価指数がわずか２パーセントの値上がりにとどまり、ダウジョーンズ平均株価にいたっては値下がりしていた２０２０年の１～７月だけを切り取ってみると、図26のとおり金山株ＥＴＦが年初来投資収益率トップ３を独占しています。

たった７カ月で50パーセント前後の値上がりですから、この調子で１年間上げつづければ２倍になることは確実です。長い長い冬を耐え忍んできた金山株各社にも、ようやく春が訪れたのでしょうか。業界環境全体を見渡すと、そう考えてもよさそうな

図27 世界の金総埋蔵量は、約5万トンと推定される〈2019年現在〉

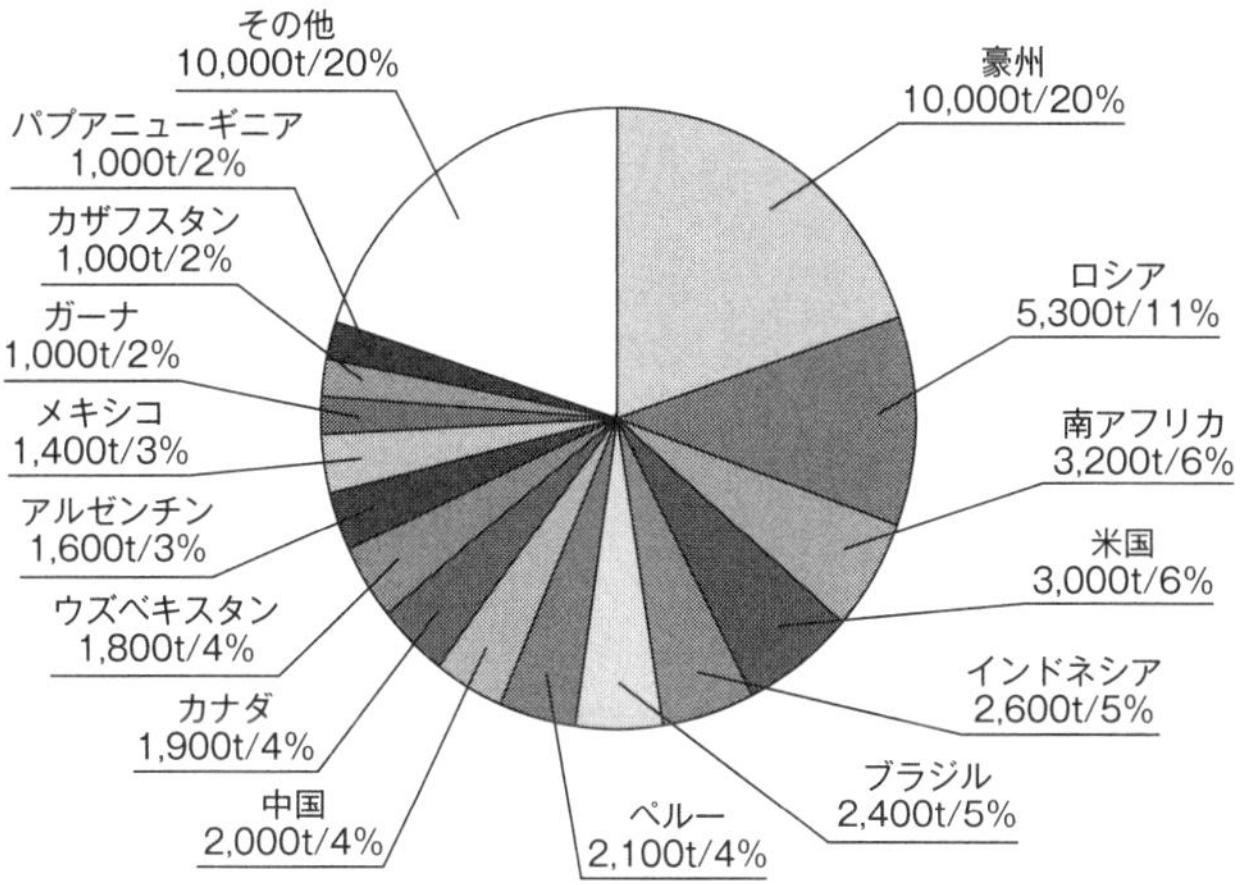

原資料：US Geological Survey、『Mineral Commodity Summaries』
出所：ウェブサイト『Let's Gold』、2020年3月10日のエントリーより引用

データはいろいろあります。

一見、視界は良好だが……

なんと言っても生産者である金山経営各社にとって有利なのは、地球上に存在する未開発の金資源が、そろそろ枯渇しそうな兆候が見えてきたことです。なぜ資源枯渇の兆候が良いニュースかと言えば、採掘した金の希少価値が上がるので、価格が上昇傾向を維持することが期待できるからです。まず、現状でどのくらいの金がまだ採掘されずに残っているのか図27でチェックしていきましょう。

ご覧のとおり、埋蔵量全体でほぼ5万トンと見られています。実際に金山運営

をしている企業は、埋蔵量をふたつに分けて考えます。ひとつは、今すぐ採掘しても採算に合うと考えられている可採粗鉱量《そこう》（Reserve）です。もうひとつは、まだ採掘すれば赤字になる可能性が高いが、技術進歩や金価格の動向次第では採算点に到達するであろう予備資源量（Resource）です。図27の円グラフによれば、双方を合わせた埋蔵量全体が約5万トンで、すでに人類が採掘した金の総重量約19万トンに対して、4分の1強に過ぎないとなっています。

もちろん、金山運営業者にとっては、これから採掘できそうな資源量を多めに言ってもあまり得はありません。プラスになるのは宣伝効果だけでしょう。一方、底地を所有せず採掘権を得て掘っているだけの金山の場合、採掘権価格を引き上げられたりするマイナスのほうが大きいはずです。ですから、この数字自体は、将来掘り出せる金がどのくらい残っているかについてあまり信頼のおけるデータではありません。しかし、図28のグラフは明らかに埋蔵量全体がかなり少なくなっている証拠と見ていいでしょう。

２０１０～１１年にかけて金価格が急騰したため、新たな金鉱脈を探すための探査予算も激増しました。２０１２年には１００億ドルの大台目前まで拡大したのです。ところが、発見された新鉱脈に埋蔵されている鉱量は、まだ探査予算が30億ドル未満だった２００５年以前に比べて、ずっと低水準で終始しています。１９９０年には、10億ドル強の探査予

図28 過去3年にわたって大きな新鉱脈の発見はなし
新鉱脈の鉱量と探鉱予算推移〈990~2018年〉

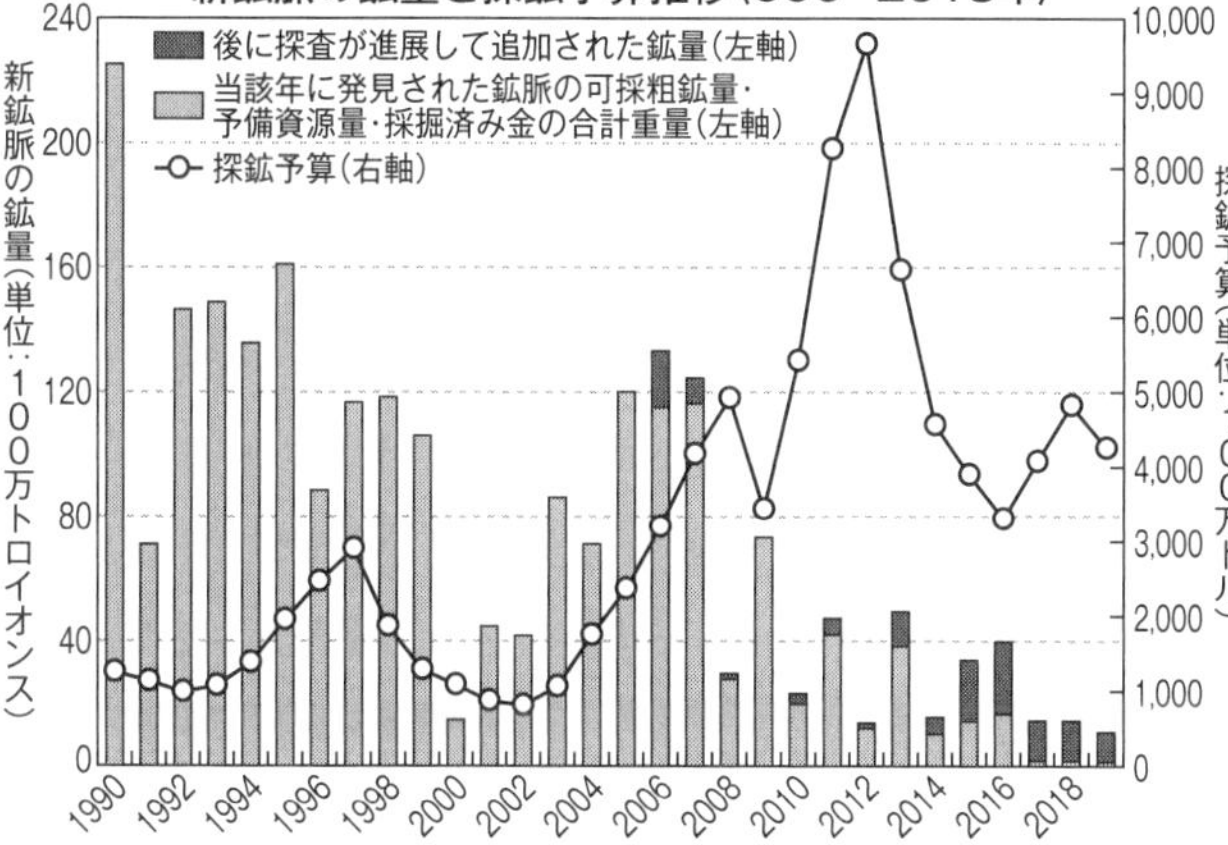

注：2020年5月1日現在の集計。鉱量は可採粗鋼量・埋蔵量・採掘済み金の合計重量。
原資料：S&Pグローバル市場情報
出所：ウェブサイト『Market Oracle』、2020年9月3日のエントリーより引用

算で２３００万トロイオンス（約７１３０トン）の新鉱脈が発見されていたのが、夢のようです。

まだ探査予算が20億ドル台にとどまっていた２００５年の１億２０００万トロイオンス（約３７５０トン）が21世紀に入ってからの最高で、２０１０年以降は５０００万トロイオンス（約１５５０トン）未満が続いています。しかも、２０１７〜１９年の３年間は新規の発見はまったくなく、すでに発見されていた鉱脈の鉱量が精査の結果増えていただけです。

第１章でご覧いただいたように、毎年の生産量は３０００トンを超えていますから、新鉱脈の推定埋蔵量が１５００トン未満の年が多いのは、今後採掘できる鉱

図29 金1トロイオンスの採掘費用推移、1987～2019年

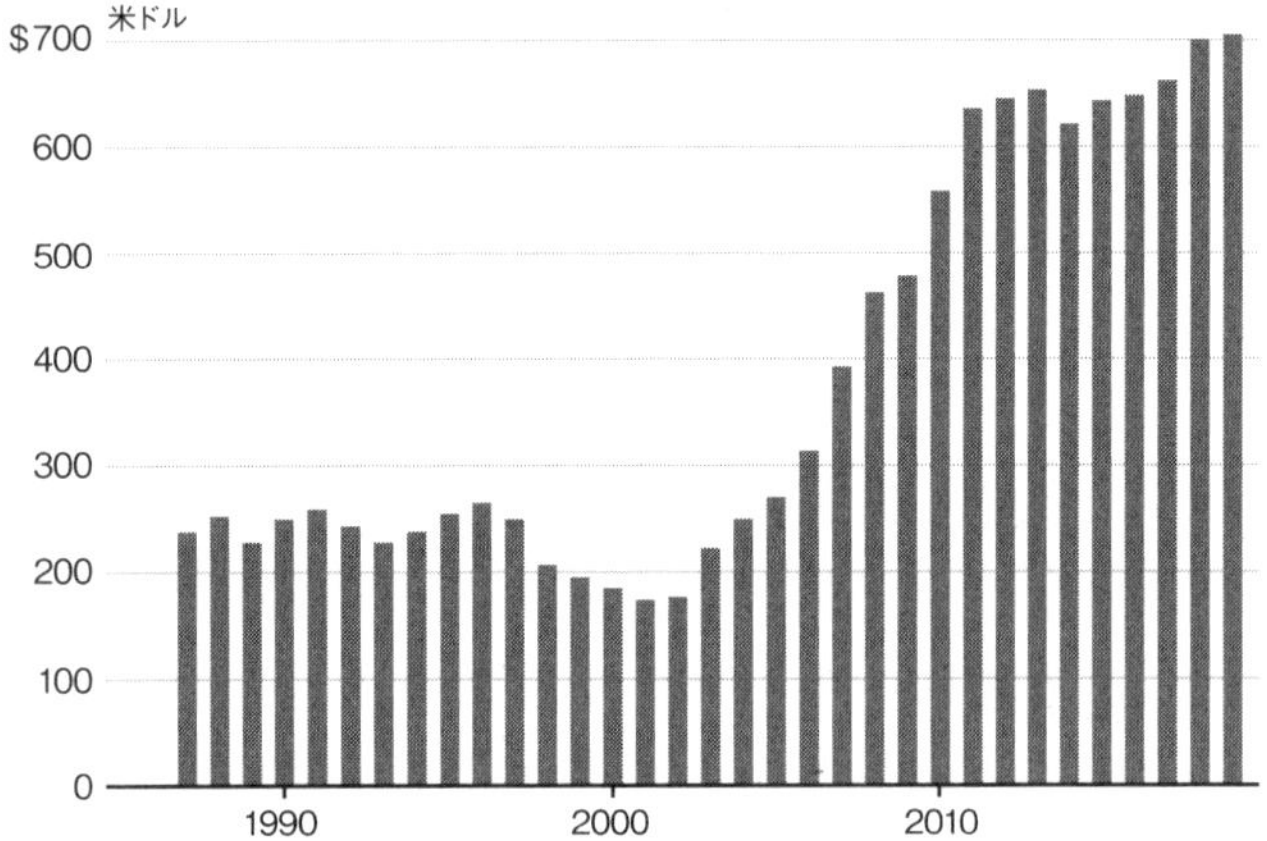

原資料：リフィニティブ社
出所：ウェブサイト『Market Oracle』、2020年9月3日のエントリーより引用

量がじり貧になっているということです。

足元の金採掘事業の採算性も、表面的には堅調です。図29が、金の採掘コストがどう推移しているかを示しています。

2001年のトロイオンス当たり約170ドルを大底に、2011年の約640ドルまではかなりの急上昇でした。しかし、2012年以降は小刻みな動きに転じて、現在700ドル強と、このところ1800～2000ドル圏で推移している金価格との差が広がっています。売値とコストの対比で見れば、利益率は向上している印象があります。図30のグラフでおわかりいただけるように、2020年の年初来にかぎれば金山各社の株価も好調です。

ご覧のとおり、2020年の年初から11月半ばまでの実績では、業界首位の座を争う

図30 4大金山会社と金山株ETFの値動き〈2020年1～11月〉

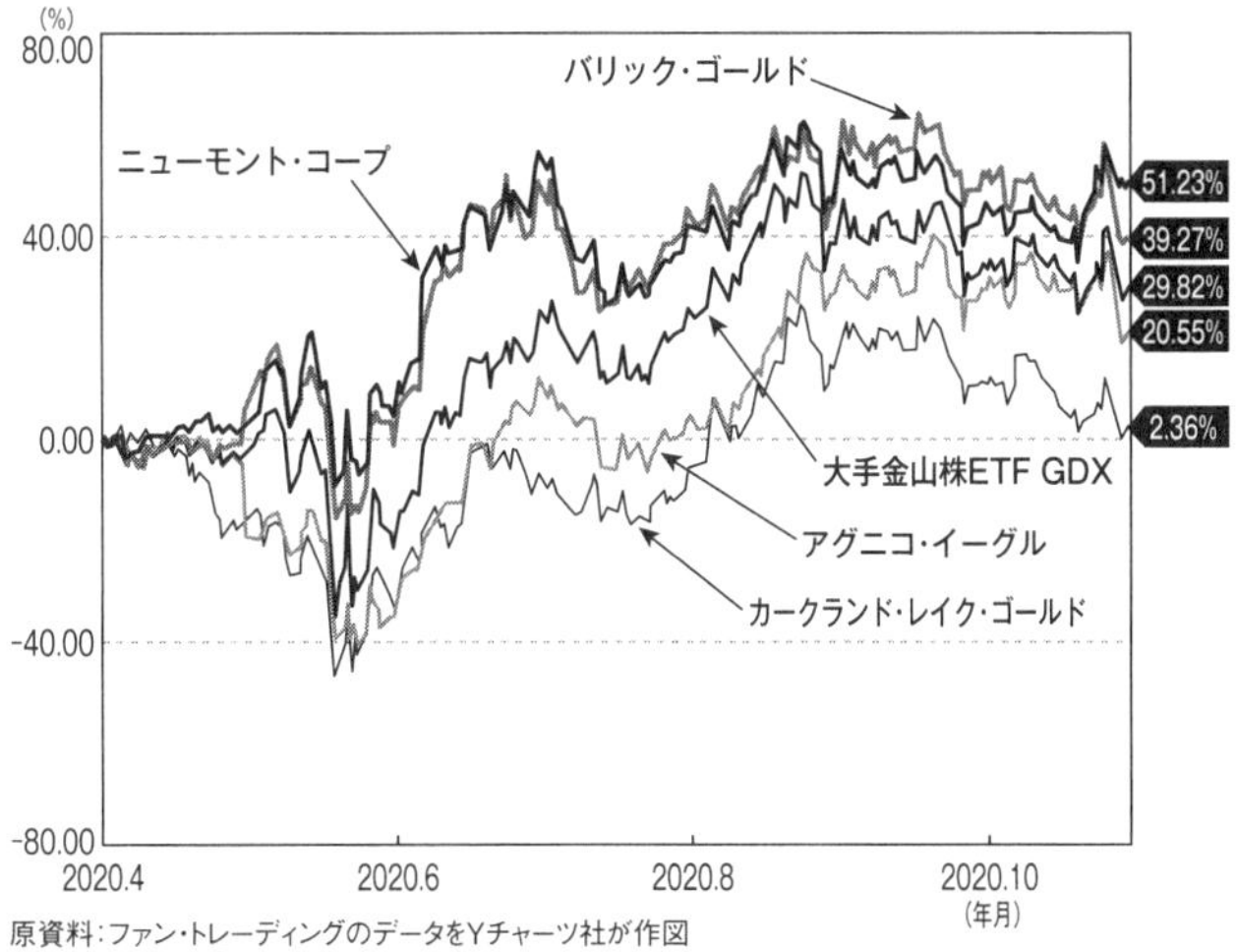

原資料：ファン・トレーディングのデータをYチャーツ社が作図
出所：ウェブサイト『Seeking α』、2020年11月15日より引用

ニューモントが51パーセント、バリック・ゴールドが39パーセントの値上がりで、大手金山株で構成されたETF、GDXのほぼ正確に30パーセントの上昇を牽引していました。しかし、ニューモントはともかく、バリック・ゴールド株の上昇のかなりの部分は、8月にウォーレン・バフェット率いるバークシャー・ハサウェイがこの株をポートフォリオに組みこんだと発表したことによる上昇と見るべきです。

昨今ではウォーレン・バフェットのお墨付きを得るのは、かなり大きな株価上昇要因になっていることが、図31のグラフでわかります。

2020年8月中旬に、バークシャー・ハサウェイが「6月中に、バリック・ゴー

図31 バリック・ゴールド社株価推移〈2020年8月11日〜14日〉

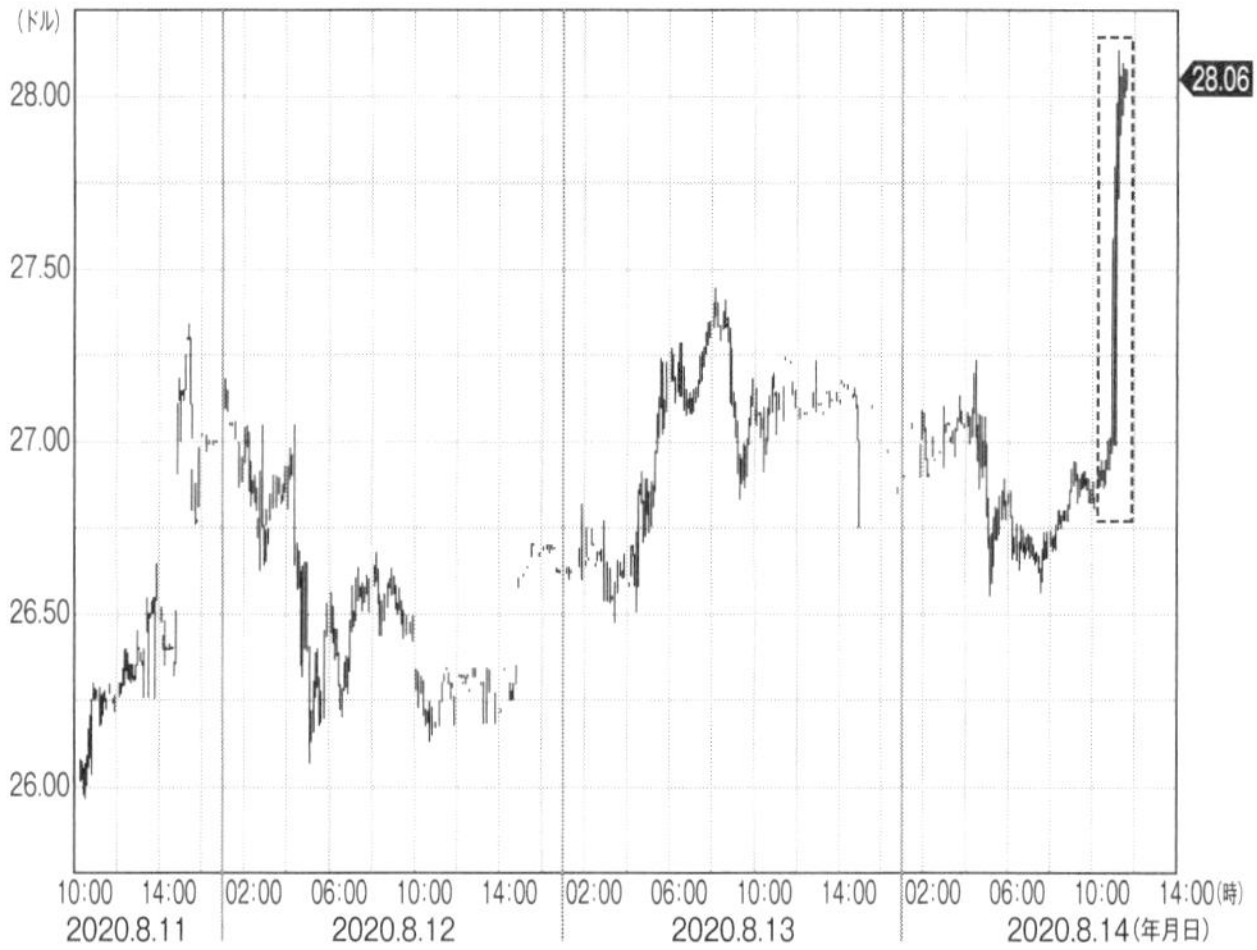

出所:ェブサイト『Zero Hedge』、2020年8月14日のエントリーより引用

ルド株を平均コスト20ドル92セントで200万株購入した」と発表しました。ちょうどそのころ、同社株は26ドル台前半から28ドル強へと急騰したわけです。ただ、その後10月に発表した2020年第3四半期の決算が、大幅なバランスシート改善をともなう増収増益だったにもかかわらず、バリック・ゴールドの株価は下がっています。これは注意信号です。

それにしては、利益があまり伸びていない

これだけ金価格が上昇していても、金山業界で首位争いをしているバリック・ゴールドの株価が低迷している最大の要因は、増収率も低く、利益率もあまり伸びない成

長性の乏しい企業だからです。直近の決算では、フリーキャッシュフローの大激増や純債務の大激減といった華やかな数字も出ています。フリーキャッシュフローとは、営業活動での受入金と支出金の差額から、金利などの必ず出ていく営業外の支出を引いたものです。

発行済み株数調整済みの1株利益は前四半期比約8割増の41セントになったのですが、それでも年間の1株利益は1ドル20～30セントにとどまるでしょう。収益成長性の低いこの株にとって、20倍を超える株価収益率となる28ドル台は、高すぎます。直近では22ドル台に下げています。図32の2段組グラフを見ると、同社は金の産出量は徐々に低下しているのですが、売価が2018年年央を底に回復しているので、なんとか増収基調が維持できていることがわかります。

業界全体では2017年以降金の生産量がかなり伸びていることを考えると、採掘権を持っている金山の生産性が低めだということがわかります。かなり多くの金山で並行して採掘事業をしている大企業ですから、急に全社的な金生産量の向上は望めないでしょう。さらに、図33の売上高とフリーキャッシュフローの2段組グラフをご覧ください。

四半期売上高が20億ドル前後だと、フリーキャッシュフローはプラス、マイナスが交錯し、25億ドル以上になると安定したプラスに転ずることがわかります。バリックは銅も生産していますが、収益貢献は微々たるものです。おまけに主力の金生産量は縮小気味とな

図32-1 バリック・ゴールド社金産出量推移〈2015年1Q~2020年3Q〉

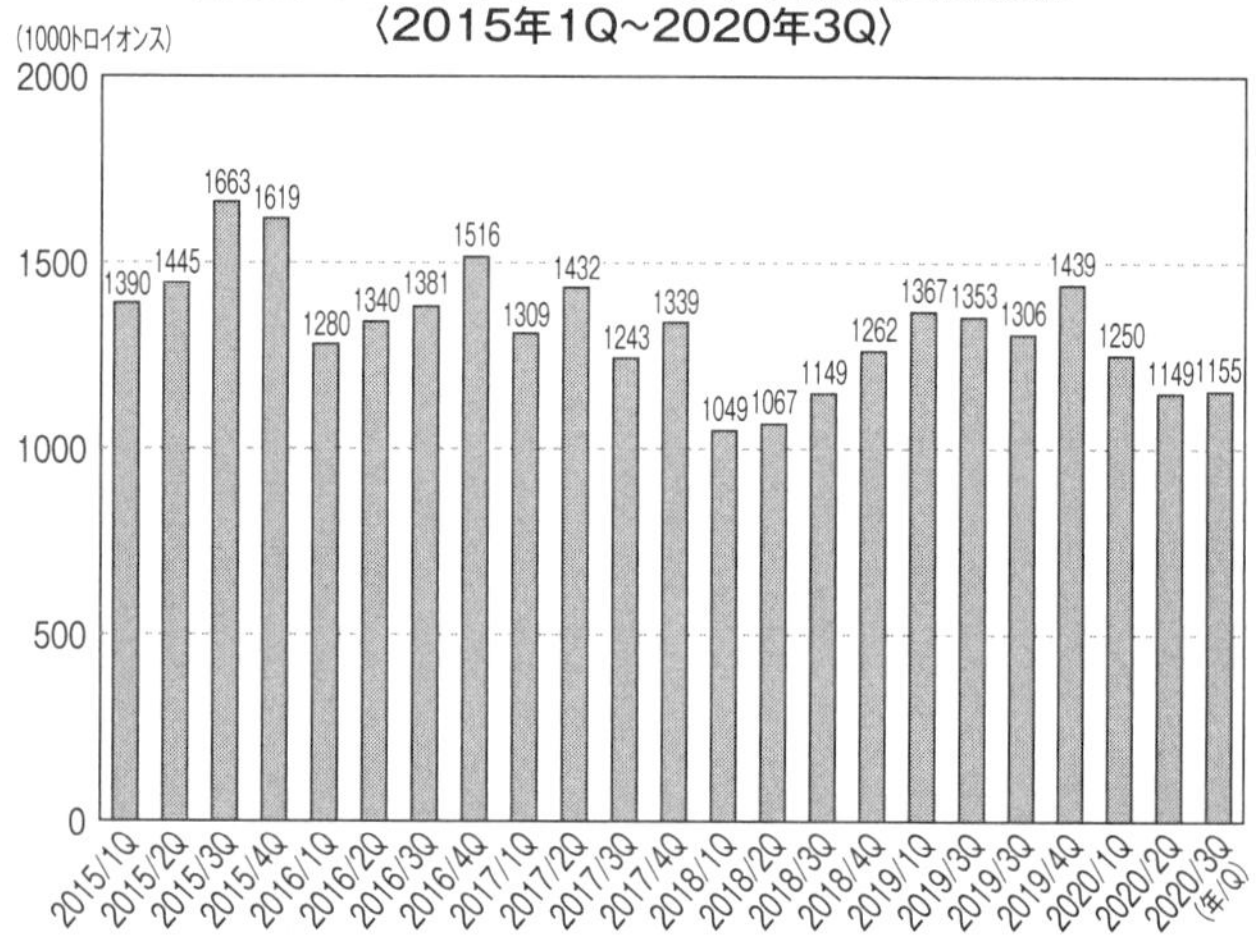

図32-2 バリック・ゴールド社金実売価格推移〈2015年1Q~2020年3Q〉

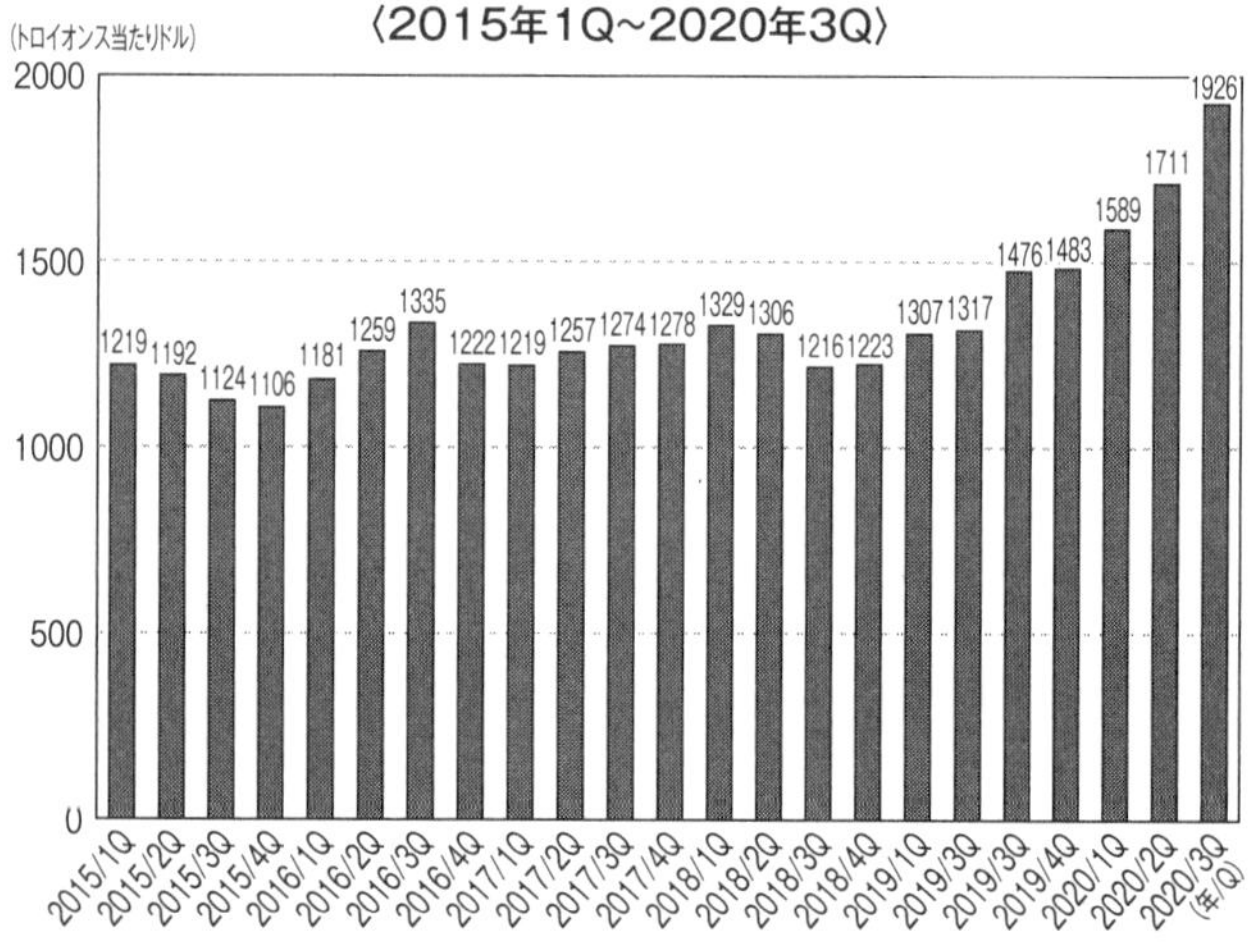

原資料：ファン・トレーディング
出所：ウェブサイト『Seeking α』、2020年11月15日より引用

図33-1 バリック・ゴールド社四半期売上高推移
〈2015年1Q～2020年3Q※〉

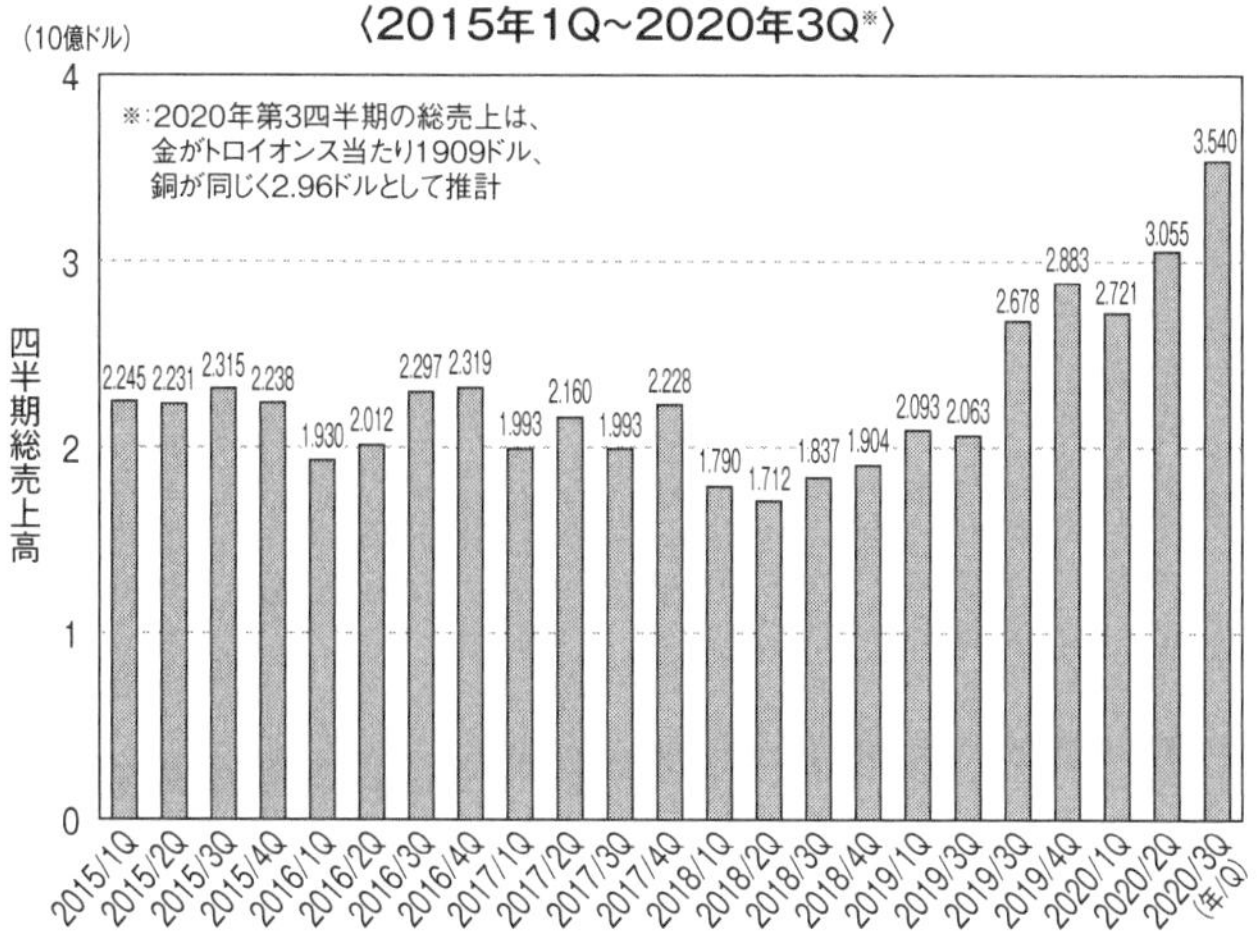

図33-2 バリック・ゴールド社フリーキャッシュフロー推移
〈2015年1Q～2020年3Q〉

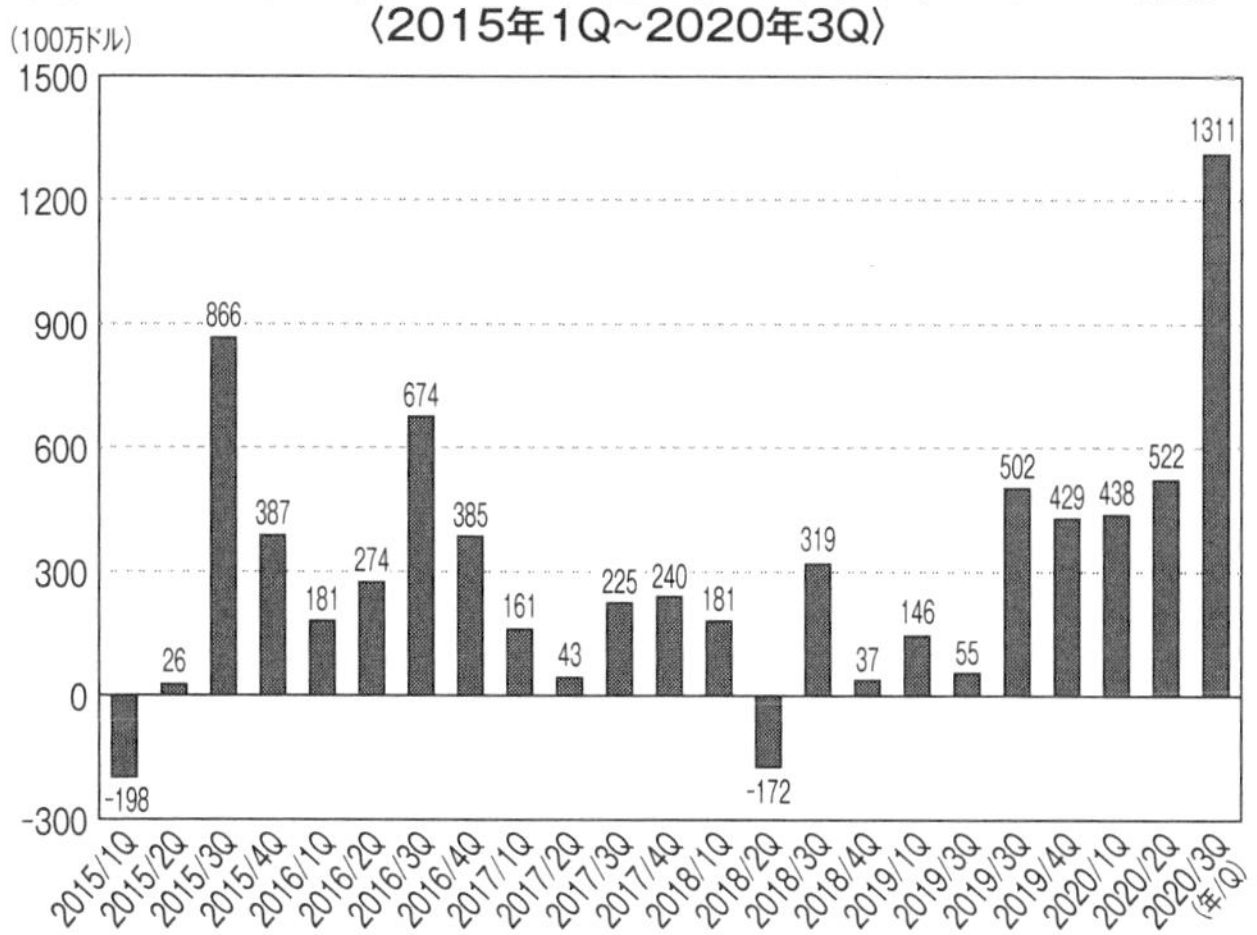

原資料:ファン・トレーディング
出所:ウェブサイト『Seeking α』、2020年11月15日より引用

ると、安定して25億ドル以上の四半期売上高を保つには、金の売価が1500ドル前後を維持してくれなければきつい状態だと想定できます。

結局、バリックの収益上昇率は金の価格次第であり、しかも金の生産量が低下しているので、増収率は金価格の上昇率ほど高くはならないと想定できます。そして、何度か指摘してきましたが、金山株投資には金投資にない代理人リスク、取引相手リスクが付きまといます。いったいなぜ、ウォーレン・バフェットは金地金を買わずに、バリック・ゴールド株を買ったのでしょうか？

バフェットは、以前からたびたび「金はきらきら光るきれいな石ころにすぎない」とか、「金利も配当も生まない資産にカネを投ずるのは、投資とは言えない」といった金投資に批判的な発言をくり返してきました。だから、もう資産拡大から資産防衛に切り替えるべき時期だと思っても、過去の発言にとらわれて金地金より金山株という選択をしたのではないでしょうか。

どんなに偉大な実績を積み上げてきた投資家でも、過去の成功例にこだわって大胆にスタンスが変えられなくなってしまうと危険です。最新情報では、バフェット率いるバークシャーは、保有していたバリック株のうち42パーセントを売却済みとのことです。長期投資をモットーとするバフェットが利益確定を急ぐほど、株価が上昇していたわけでもありません。やはり失敗だったと思ったのではないでしょうか。

金山株に投資するなら、中小零細か探鉱会社に

金市場では世界で一、二を争う大金山運営業者でさえ、限界生産者に過ぎません。つまり、好況時にはなんとか採算の合う経営ができるけれども、ちょっと景況が悪化すると赤字経営で縮小か撤退かの岐路に立たされる、不安定な存在ということです。

最大の理由は、金の需給における最大手「生産者」は、実は退蔵していた金を流通過程にリサイクルする個人世帯で、彼らが価格形成に大きな影響を及ぼすからです。そして、もうひとつ、近年採掘中の金山の品位が一般的に低下しているため、金山経営がインフレに弱い体質に変わってきたことも、挙げておく必要があるでしょう。

1トンの鉱石からわずか1グラムか2グラムの金を取り出す作業では、掘り出した金鉱石を砕石所に運ぶためだけでも、大型土木機械や、タイヤの直径が日本の戸建て住宅の軒高並みという怪物級の150トントラックを投入する必要があります。当然、膨大なガソリン、ディーゼル燃料などの燃料費がかかります。また、化け物サイズのタイヤにしっかり刻みこんだスリップ止めの溝も、何十往復かするとつるつるになってしまいます。

原油などのエネルギーコスト中心にインフレが起きると、燃料費の上昇を金価格の上昇で補えずに増収減益というケースも多々あります。その点で、金と金山株はかなり性質の違う投資対象です。

金はインフレにも強い資産です。インフレもデフレも、政府や中央銀行の経済運営に疑念や不信が生じたとき起きる現象です。そういう時期に、必ず価値を高める資産が金です。しかし、最近20~30年ほどの金山株は、意外にインフレに弱いのです。私は短いあいだですが、日本で唯一の金山経営専業会社、ジパングに籍を置いておりました。そのころの印象を申し上げると、金山経営は金価格が上がったときより、エネルギーコストが下がったときのほうが安定すると感じました。というわけで、「商品市況の上昇を見届けたら、物価上昇の恩恵を受けるはずの金山株を買う」というのは、かなり失敗する危険の多い投資スタンスです。

ただ、『待ちぼうけ』の歌詞ではありませんが、もう現代経済ではいつまで待っていても自分から木の根っこにぶつかってくれるインフレという兎はやってこないでしょう。世界中の政府と中央銀行が躍起になってインフレを起こそうとしても、インフレ率はじわじわ低下しています。一因は、「インフレだから、値上がりしないうちに少しでも早くモノを買っておかなくちゃ」という姿勢で臨むと、結局損をするのは消費者だという教訓が浸透したことでしょう。

しかし、もっと大きな要因は、経済全体がサービス主導型に変わったことだと思います。現代経済では、巨額の借金をして設備を大型化してコストを下げた企業が業界内でのシェアを高めるという、製造業主導型経済特有の「規模の経済」がほとんど働かない分野が増えています。

たとえば､腕のいいシェフがやっているレストランは高くても満席続き、そこそこのシェフがやっているレストランは安くても閑散としている状態を、「シェフの技量にインフレが起きている」ととらえる人がいるでしょうか。いるかもしれませんが、経済の実態とかけ離れた考え方だと思います。顧客が付いてきてくれるかぎり、どんなに高い料理を出してもそれがシェフへの正当な評価であり、どんなに安い料理を出してもなかなか客の来ない店のシェフもまた、正当に評価されているのだと思います。

インフレは、借金をする必要はみじんもない大富豪や大企業はカネを借りれば借りるほど元利返済負担が目減りしてますます豊かになり、ふつうの勤労者のなけなしの貯蓄の価値が目減りしていく、不公平な経済環境です。私は、経済がサービス化することの大きな利点のひとつが、インフレが徐々に姿を消していくことだと思います。

金山株に話を戻しましょう。金山株投資一般に反対ではありませんが、大手や中堅では、

図34　マクドナルド探鉱社株価推移〈1996～2020年〉
2020年11月23日の引け値はカナダドルで7.5セント

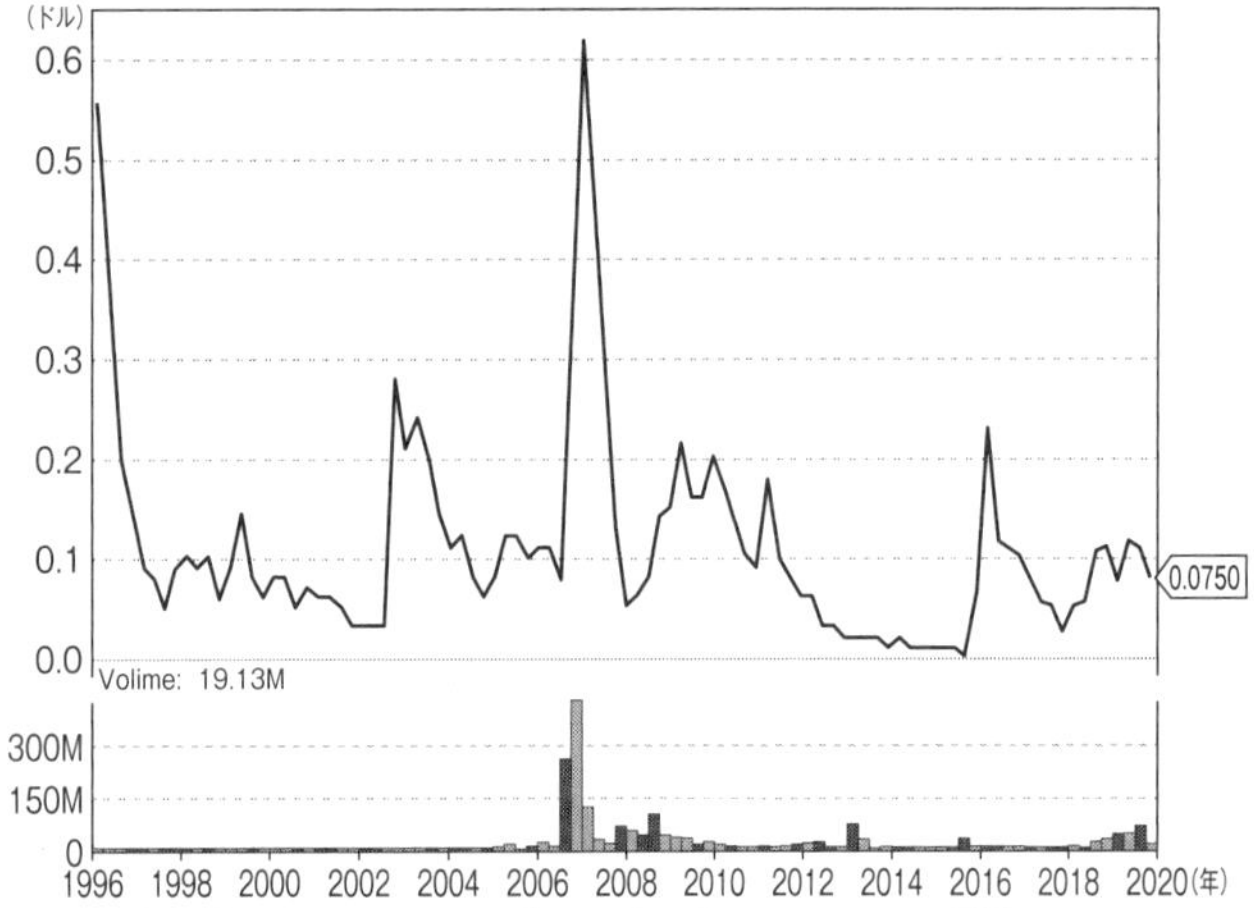

出所：ウェブサイト『Junior Mining Network』、2020年11月23日のエントリーより引用

資産拡大にも資産防衛にも中途半端な投資対象にしかならないと思います。もし、資産防衛を目指すならちゅうちょなく金地金を買うべきです。資産拡大を目指すなら、たったひとつ品位の高い鉱脈を発見すれば業績が急上昇する中小零細金山経営企業か、新鉱脈の探査に特化した探鉱会社に投資すべきでしょう。

たとえば、トロント証券取引所ベンチャー部にマクドナルド探鉱という企業が上場しています。2020年11月中旬に、カナダのオンタリオ州サドバリー近くに持っている鉱山の試掘で、最大品位41・4（金鉱石1トン当たり41グラムの金をふくむ）という高品位鉱脈を発見したと発表しました。株価が暴騰したかと思うと、図34のグラフでご覧のとおり、まったくの無反応でした。

史上最高値がカナダドルで60セント、このチャートをプリントアウトした時点で7・5セントという超安値銘柄です。20日後の引け値も7・0セントと冴えませんでした。企業体質に問題があるのか、試掘レポートを専門家が読むとあまり明るい展望を描けない内容なのか、理由はわかりません。ただ、カナダの株式市場には、同じような中小零細金山経営企業や探鉱会社が文字どおり山のように上場しています。

世界最大のアメリカ株式市場でも、金山会社は44銘柄しか上場していません。ところが、はるかに規模の小さいカナダの株式市場にはなんと金山会社が428銘柄も上場しているのです。もちろん、かなり投機的なスタンスであることをご確認の上で取り組んでいただきたいですが、金山株を買うのならカナダの取引所で安値に放置されている銘柄の中から品位の高い新鉱脈を掘り当てそうな企業を探すべきでしょう。また、インフレのときよりは、エネルギーコストが低迷しているときのほうが業績改善率は高いはずです。

1930～70年代の金山株上昇は別世界の話

「いやいや、金山株も金と同じようにインフレにも、デフレにも強い」とおっしゃる方も

図35　ホームステーク・マイニング株とS&P500株価指数推移〈1920~40年〉

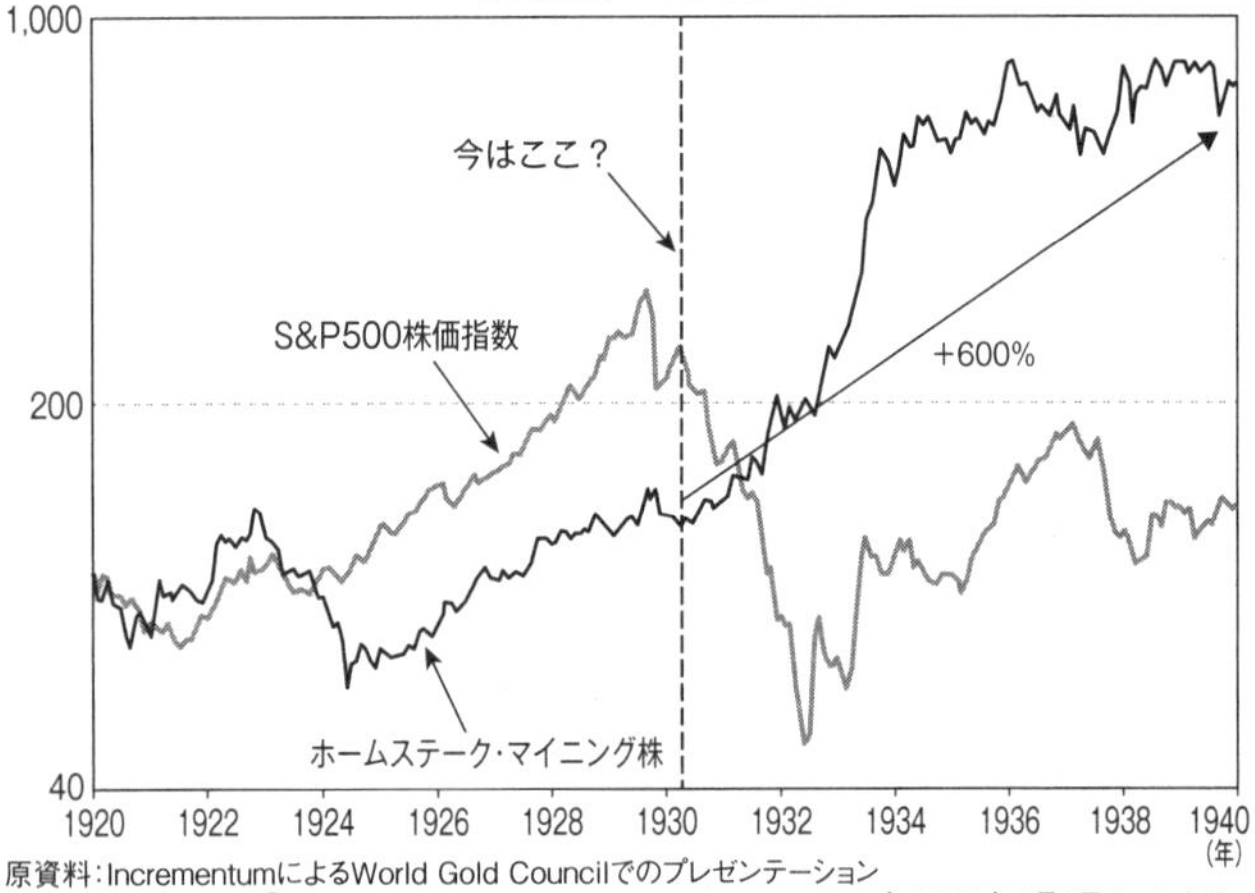

原資料：IncrementumによるWorld Gold Councilでのプレゼンテーション
出所：Incrementum、『How Do You Invest in the Post-Corona World』、2020年4月8日のエントリーより引用

います。そして、１９３０~７０年代のそれぞれの時代を代表する金山株の値動きを見ると、たしかにそう見えます。まず、図35で１９３０年代のホームステーク・マイニングという株の値動きを、Ｓ＆Ｐ５００株価指数と比べてみましょう。

ホームステーク・マイニング株は、「狂乱の20年代」とか「咆哮《ほうこう》する20年代」とか呼ばれた１９２０年代にはＳ＆Ｐ５００よりかなり上昇率が低めでした。ですが、１９２９年の大恐慌以降、30年代大不況期を通じて、すばらしいパフォーマンスをし、１９３１年の年初から30年代末まで６００パーセントの値上がり、つまり株価が７倍になったのです。

さらに、１９７０年代後半の、スタグ

図36　ブルームバーグ金山株指数推移〈1939~2019年〉

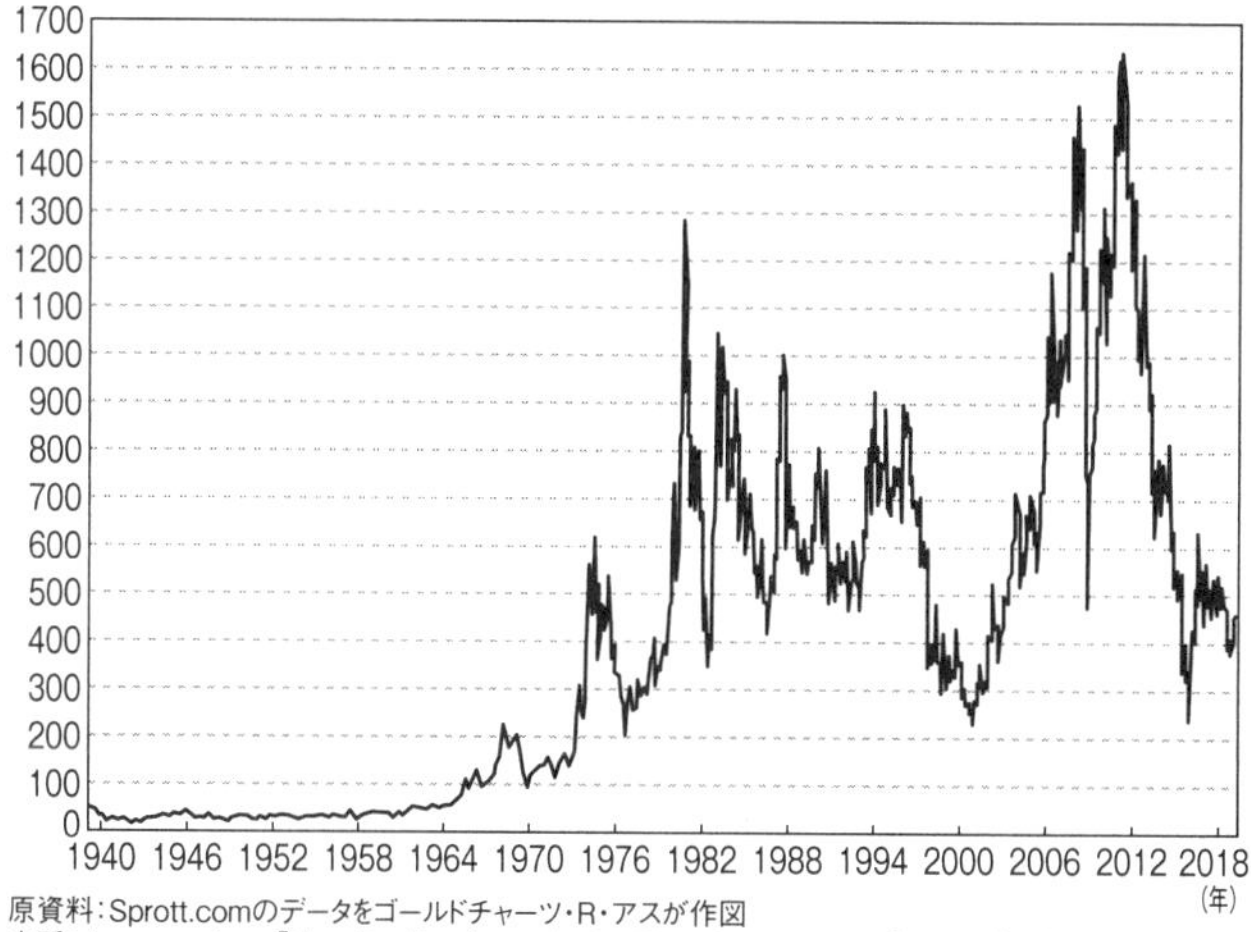

原資料：Sprott.comのデータをゴールドチャーツ・R・アスが作図
出所：Incrementum、『How Do You Invest in the Post-Corona World』、2020年4月8日のエントリーより引用

フレーションと呼ばれたインフレ下の景気停滞期にも、ブルームバーグ金山株指数は順調に値上がりしつづけました。図36のグラフが示すとおりです。

1976年の200から1981年の1300まで、こちらも6・5倍という大暴騰です。「やっぱり金山株も、インフレにもデフレにも強いじゃないか」と思われるかもしれません。でも当時は、金と金山株を取り巻く経済環境がまったく違っていたのです。アメリカの金価格が、1933年までは20・67ドル、その後は35ドルに固定されていたことは、すでにご説明しました。ですが、1933年5月1日以降は、アメリカ国民は金を所有したり、売買したり、輸出入することをほぼ全面的に禁止されていたのです。

1932年の大統領選に勝利して、翌年1月に就任したフランクリン・D・ローズヴェルト大統領は、大統領としての初仕事に近い1933年4月5日付の大統領令で、アメリカ国民の金保有禁止を宣言し、同年5月1日までに手持ちの金貨、金延べ棒、金証書などをすべてトロイオンス当たり20・67ドルで政府に売却することを命じたのです。私が驚いたのは、この露骨な私的所有権の侵害に対して、ほとんどの国民が唯々諾々と従ったことです。

今でもアメリカ政府・連邦準備制度の金準備は8134トンと、2位ドイツの3364トンの2・4倍もあります。その大部分は、強制的に国民から買い上げたものです。この買い上げが終わった直後に政府は金の固定相場をトロイオンス当たり35ドルに引き上げて莫大な評価益を捻出したのですから、買い上げたというより、巻き上げたと表現すべきでしょう。

このアメリカ国民に対する金保有禁止令は、なんと大不況も、第二次世界大戦も、戦後ブームも、ベビーブームもやり過ごして、生き延びました。やっと1974年12月31日に、当時のアメリカ大統領ジェラルド・フォードが議会決議に署名して廃止するまで、40年以上も続いていたのです。アメリカは金融市場一般の大衆化にかけては、世界の最先端を行っています。でも、金に関しては、価格が固定された上でさえも、売り手と買い手が出会う市場がまったくなかったのです。

1930年代にホームステーク・マイニング株が大暴騰した理由も、この歴史的背景を知るとよくわかります。「こんな時代には、価値が目減りしない金を持っていたい」と思う人は多かったでしょう。ですが、金を持つことは禁止されていたので、代用品として金山株が買われたのです。

1970年代後半に金山株指数が暴騰したのも、アメリカ国民に対する金保有禁止令が解除された直後だったことを考えれば、すんなり腑に落ちます。それまではごく少量の工業原材料用しかなかったアメリカ国内の民間金需要が、突然急拡大すると見られていたからです。

実はアメリカは金取引の後進国だ

表面的には、アメリカ国民は40年以上にわたった金市場の不在をやすやすと埋め合わせて、金取引でも大勢力に成長したように見えます。でも、実際には金取引に関するかぎり、アメリカはまだ後進国なのです。

たとえば、世情が不安になるにつれて、意見交換サイトやブログなどでも、金取引に関する質問が出て、さまざまな回答が寄せられます。歴史的背景を知るまでほんとうに不思議だと思った質問が「金はどこで買えばいいの?」というものでした。その質問に対する回答も、かなり珍妙に思えました。「貴金属ディーラーのところで買おうとすると手数料をぼられるから、銀行の大きな支店で金貨や延べ棒を備蓄しているところがいい」とか、「いやいや、銀行も手数料が高い。シカゴ先物取引所で先物を買って、現金決済ではなく金の現物を引き取る、現引きがいちばん安上がりだ」といった感じです。

初めのうちは、田中貴金属工業や三菱マテリアル貴金属部や岡藤商事みたいな店を使えばいいじゃないかと思っていました。ところが、アメリカでは40年以上にわたった金保有禁止令のあいだに、個人客相手の金売買商という業態が消滅してしまっていたのです。もちろん金を素材に使った宝飾品の商店は、超高級品から、かなり大衆的な店まで各種揃っています。

でも、金融資産としての金を個人が売買しようとすると、大変です。買うときはともかく、売るときには、零細な資金の個人客は足元を見られて値切られることが多いのです。最近は貴金属取引にもネットショップがかなり進出していて、そういう店では小口の買取にも親切に対応しているところもあるようですが。

その結果、アメリカは金の年間消費量では中国、インドに大差をつけられています。2

016年の世界金評議会による統計では、中国が914トン、インドが676トンだったのに対して、アメリカは3位とは言え、2位インドのたった3分の1にもならない212トンでした。ダイヤモンド消費量では、ほぼ一貫してアメリカが4割以上で、インド、EU諸国、中国よりはるかに多いのと比べると、いかに金消費のための流通網の整備が未成熟かわかります。

アメリカの投資家は金を扱いなれていないという事実を知ると、さまざまな疑問に対する答えがわかってきます。たとえば、金を根拠資産とした上場投資証券（ETN）という金現物のやり取りを避ける以外にあまり意味のなさそうな金融商品が、なぜそこそこの人気を維持しているのかといったことです。

前回の金価格急騰期には、世界中の株式市場時価総額に占める金山株ETFと金ETN保有の金現物の時価総額が、金価格に連動して増加していました。図37でご覧いただけるとおりです。

ところが、今回は金山株ETFと金ETNの時価総額がだいぶ出遅れています。だから、こうした金融商品を買うチャンスだと推奨する人たちもいます。

ですが、金山株ETFについては、金価格の上昇期に金山株の業績が改善するとは限らないと、すでにご説明しました。さらに、ETFを買うということは、自分がETFを買

図37 大手・中堅金山株ETFの時価総額と金地金ETNの保有金総額が世界株式時価総額に占めるシェアと金価格の推移〈2004~20年〉

注：世界株式時価総額にはETFとADRをふくまない

マクロ経済は非常に金関連の金融商品にとって好適な環境となっているにもかかわらず、金地金を根拠資産としたETNも金山株ETFも、市場での存在感が希薄だ。金地金ETNと金山株ETFの時価総額は世界の株式市場時価総額の0.91%を占めるに過ぎず、2011年に到達したピークよりはるかに低水準にとどまっている。

原資料：ブルームバーグのデータをメリディアン・マクロリサーチが作図
出所：貴金属投資顧問Sprott社、『Sprott Gold Report』、2020年10月14日のエントリーより引用

うときの手数料と、ETF運用者が個別銘柄を買うときの手数料の双方を取られるので、その分割高になります。

金を根拠資産としたETNの場合には、もっと深刻な欠点があります。最大の金ETNであるGLDだけではなく、ほとんどの金ETNが蓄積している金現物は、どうもETN購入者の所有物ではないらしいのです。ETN購入者が運用者にETN証券を持ちこんで「金で払い戻してくれ」と言っても、運用者にはそれに応ずる義務はないことになっています。

ETN証券が金の預かり証であって、運用者は金による払い戻し請求に応ずる義務を負っているとしましょう。そうすると、運用者に入ってくる資金はできる

図38 金山株ETF・金ETNの保有金現物量と預かり資産総額推移〈2000〜20年〉

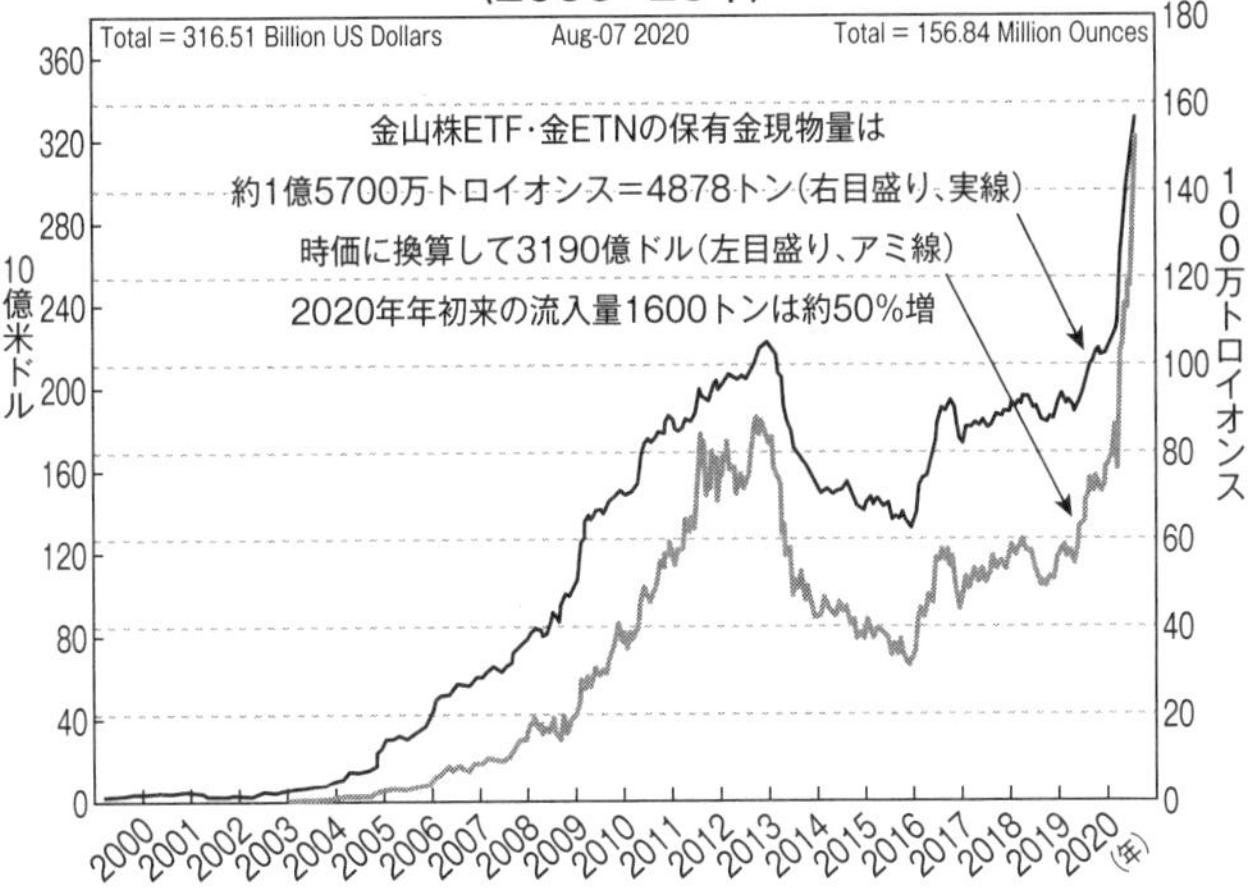

原資料：ゴールドチャーツ・R・アス
出所：ウェブサイト『Gold Switzerland』、2020年8月13日のエントリーより引用

かぎり速やかに金現物購入に充てなければなりません。

でも、金による払い戻し請求に応ずる義務がなければ、入ってくる資金をすぐに金現物の購入に当てずに、自分の裁量で買いどきを決めることもありそうです。タイミングを見はからっているうちに金価格が高騰して、購入者が想定している市場価格どおりの量を買えないこともあり得ます。図38のグラフは、現実にそういう事態が生じていた可能性を示唆しています。

金山株ＥＴＦの中には、金山株だけではなく、金現物もポートフォリオの一部として保有しているものもあります。そういうＥＴＦの持っている金現物と金ＥＴＮの保有している金現物の合計量と、これらのＥＴＦ・ＥＴＮの預かり資産総額を対比したグラフです。

預かり資産は２０２０年年初の約１７００億ドルから、８月初めの約３３００億ドルまで約95パーセントの伸びとなっていました。一方、金現物の量は約50パーセントの伸びにとどまっています。２０２０年年初の金価格は約１５００ドルでしたが、８月６日には２０７０ドルと史上最高値を更新しました。

８月までの預かり資金増加額をすべて８月６日の価格で「まとめ買い」したとしたら、この資金量95パーセント増と現物量50パーセント増の差は完全に説明が付きます。しかし、資金の流入に応じてその都度金現物を買っていたら、これほどの差は出なかったはずです。最大の金ＥＴＮであるＧＬＤについても、同じように不明朗なところがあります。図39のグラフが示すとおり金現物の保有量はかなり大幅に伸びているのに、その伸びを反映するはずのＧＬＤ１単位の価格が、伸び悩んでいるのです。

金価格が２０１１年に天井を打ってからの大底となった２０１６年ごろまでは、ＧＬＤの単位価格は金価格に寄り添って推移していました。しかし、その後金価格が回復に転ずるにつれて、金の購入量がかなり大幅に増えているのに、ＧＬＤ価格は伸び悩んでいるという時期が、２~３度出現しているのです。

もし保有している金の現物がそれほど増えているのなら、その持ち分権であるはずのＧ

図39 金ETN GLD単独でも冴えない推移〈2014~20年〉

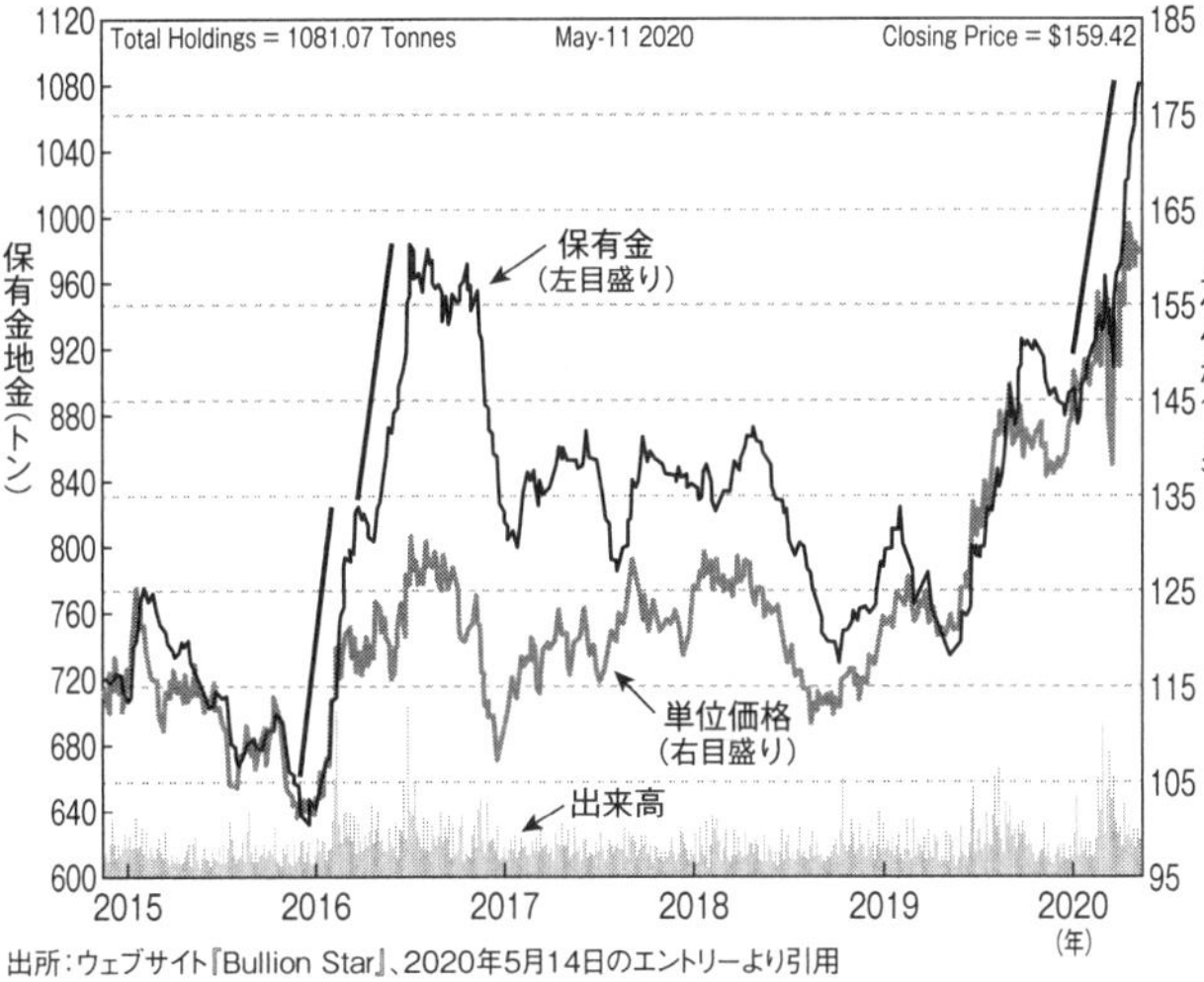

出所：ウェブサイト『Bullion Star』、2020年5月14日のエントリーより引用

ＬＤ価格も、もっと上昇しているはずではないかという素朴な疑問が湧いてきます。このＥＴＮのスポンサーは、世界の主要な金鉱山会社約40社が設立した金に関するデータ収集、調査研究、啓蒙活動をしている世界金評議会（World Gold Council）の１００％子会社である、世界金信託サービシズとなっています。

世界金信託サービシズからＧＬＤの運用をまかされているステートストリート社は、自社内で膨大な量の金を保管しているわけではありません。日本語では保管・管理人とか、常任代理人とか訳されるカストディアンとして、イギリス最大の銀行グループ、ＨＳＢＣに保管業務を委託しています。ここまでお読みになっただだけでも、いかに多くの代理人や取引相手がからんだ金融商品であり、その各段階にリスクがひそんでいるかが、ご想像いただけると思います。最近、具体的には2020年3月に、そのHSBCがGLD資産の副カストディアンとしてイギリスの中央銀行、イングランド銀行を指名しました。

イングランド銀行は、他の依頼人からも膨大な量の金現物を預かっています。預けているのは民間金融機関のこともあり、他国の中央銀行のこともあります。そして、イングランド銀行に金を預けている金融機関同士で、ちょっと手持ちの現物が不足したときに当座の貸し借りを手伝っています。その当座の貸し借りのあいだに金価格が暴騰したり暴落したりすると、貸し手か借り手のどちらかに大きな損失が出ることもあり、かなり危険な仕組みです。

また、預かっているはずの金総重量分の金塊を実際に保有しているのか、預かり総重量のうち何割かは又貸しなのか不明です。ときおり「第三者による監査を受けてほしい」という要望が出るのですが、「中央銀行の権威を汚すようなことはしない」と突っぱねています。

HSBCがイングランド銀行を副カストディアンに使命したのは、まさかあるはずの金現物がなかった時に、責任の所在をあいまいにするためではないと思います。だとしても、金ETN証券は預かり証でもなければ、引き換え証でもなく、いったいどんな根拠にもとづいて何を保証する証券なのかわからない、奇妙な金融商品です。間違いが起きなければいいがなあと思っていた矢先の2020年12月中旬に、とんでもないニュースが入ってきました。金関連の情報源としては私が信頼している『金塊の星（Bullion Star）』というシンガポールに本拠を置く貴金属取引・保管業者が主宰しているサイトです。

GLDの通期決算報告書から、自社が保有している金のうちどの程度の量が副カストディアンであるイングランド銀行によって保管されていたのかの記載が消えていて、しかも最高財務会計責任者（CFO）が、決算期末である9月30日の前日に辞任して、通期決算に署名したのは同日に就任したばかりの新CFOという異常事態です。一方、図39のグラフでご覧いただきましたように、2020年の4月から8月にかけて、金価格が本格上昇期に入るとともにGLDの保有金現物量は大幅に増加していたはずなのに、GLDの単位価格は横ばいでした。

いろいろ考え合わせると、こんなシナリオが頭に浮かんできます。「事故か故意の不正かはともかく、GLDは金価格が上昇に転じた今年の春に、顧客からの資金流入は大きかったのにそれだけ大量の金現物を買わなかった。あとから買ったときには金価格が上昇していたので、当期の決算報告書に評価損失の開示をする必要があった。そのまっとうな主張をしたCFOが解任されて、十分にデータを見る時間さえなかったはずの新任のCFOが署名した決算報告書を開示した」。

それだけでも、そうとう深刻なスキャンダルです。もっと深刻なのは、ETN市場にこうした内情が知れ渡っていて、本来保有する金現物量が急上昇したというニュースが出れば、上がって当然のGLD価格が横ばいにとどまるケースが、過去にも何度かあったという事実です。

そんな不思議な商品がもてはやされるのも、アメリカの投資家のあいだには、金現物に関わりたくないという心情があるからではないでしょうか。

昔、アナリストとしてアメリカの顧客回りをしていたころ、あるベテランのファンドマネジャーと話をしていて、安全資産の話題が出ました。彼は「世間では金が安全資産だという。だが、あんなものは大統領令ひとつであっさり強制的に売却させられてしまう。だから、俺は金にだけは手を出さない」と言っていたのを思い出します。

アメリカ国民は、案外大勢順応型なようです。1930年代大不況期や第二次世界大戦中はともかく、1970年代半ばまで「金の保有も取引も全面的に禁止する」という大統領令におめおめとしたがっていた人たちです。彼らが「金現物は、いつまた強制売却させられるかわからないから怖い」と言って、GLDのような欠陥商品を代用品として受け入れているのは、わからないでもありません。ですが、そこまでお上のおっしゃることに従順ではない日本国民には、まったく無用の金融商品だと思います。

第4章

金を買う時の注意事項

日本円しか持っていないのは危険だろうか

第2章で、これから6～7年、資産戦略は守りに徹すべき時期が続くと申しました。そうすると気になってくるのが、日常生活はすべて円で済むからといって、現金は日本円しか持っていないのは危険ではないかということです。いわゆるポートフォリオ理論では、攻めの戦略をとるときには「これで行ける」と思った分野なり、銘柄なりに集中投資するのもいいが、守りを考えたら、手持ちの資金を分散して、どれかがやられても、ほかでカバーできるスタンスを選んだほうがいいと言われています。

おまけに、とくに1990年代から長い金融業不振の時代が続いたせいでしょうが、『日本経済は崩壊する』、『日本は沈没する』、『日本は消滅する』といったセンセーショナルなタイトルの本が、本屋の経済書コーナーには並んでいます。「日本経済の地盤沈下が止まらず、円安がどんどん進むのなら、現金は円しか持っていないのは不安だ」と感じる方が多いのは、無理もないと思います。

ただ、こうした日本に関する悲観論を唱える方々には、金融業界関係者が多いことにお気づきでしょうか。今も金融業界で現役としてバリバリ働いていらっしゃる方や、もう金融業を卒業して著述業に専念していらっしゃるけれども、世界を見るときのスタンスがどうしても金融業中心に傾きがちな方々ということです。この方々が日本経済の先行きに深刻な懸念を感じ、悲観的になっていらっしゃるのは、当然だと思います。

日本中が株と不動産のバブルで沸き返っていた１９８０年代後半には、日本でもアメリカでも金融業界が生み出す付加価値はだいたいＧＤＰの12パーセント程度で並んでいました。その後、日本はバブルの崩壊をきっかけとした長期停滞の中で、金融業の生み出す付加価値はＧＤＰの４パーセント台まで縮小してしまいました。一方、アメリカでは金融業がますます隆盛し、直近ではＧＤＰの16〜18パーセント程度の付加価値を生み出すほど存在感を高めています。金融業界にいらっしゃる方々としては、日本もアメリカのようにならなければ経済成長率も回復しないという焦燥感をお持ちなのでしょう。

でも、私は金融業界が日本経済に占める地位を下げているのは自然な成り行きであり、健全なことだと考えています。むしろ、アメリカのように脱製造業化が進み、サービス業の経済全体に占める比率が上がっているのに、金融業が繁栄しつづけている国のほうが、不健全だと思います。

アメリカでは、政府の国民に対する借金である財政赤字は膨れあがる一方です。諸外国とのカネの貸し借りである経常収支も赤字増大に歯止めがかかりません。家計も住宅ローン、自動車ローン、クレジットカード・ローン、ばかばかしいほど高い授業料を取る4年制大学を卒業するための学費ローンと、借金漬けの世帯が増えています。

勤労者の中でちょうどまん中ぐらいの所得の人たちの実質所得は、1980年代からまったく伸びていません。一方、所得水準や純資産価値で上から1パーセントに属する人たちは、どんどん勤労所得も株や債券投資から得る資産所得も増え、資産は雪だるま式に膨れあがっています。

私は、一国の経済状態は、GDP自体の大きさや成長率より、ずっとすなおに、その国の通貨の強さに反映されると見ています。通貨が強くなるということは、世界中で生み出されるモノやサービスを、自国の通貨で計算すれば安く買えるということです。逆に、通貨が弱くなれば、ありとあらゆるものが高くなってしまいます。

アメリカ経済の強さは幻想です

1971年に当時のアメリカ大統領リチャード・ニクソンが「米ドルの金兌換停止」を宣言して、各国通貨が変動相場で動くようになって以来の、米ドルの動きはどうだったでしょうか。世界最大の経済を擁する覇権国、アメリカの通貨の強弱は、どこか他の国の通貨との為替レート（交換比率）だけでは測れません。

そこで、米ドルが強いか、弱いかを見るには米ドル指数（金融市場ではＤＸＹという略号を使います）を見るのがふつうです。これは、主要な貿易相手国通貨との為替レートの加重平均で、１００を基準値として米ドルが強いときには１００より大きく、弱いときには１００より小さく出ます。

さて、変動相場になってからも米ドル指数を見ますと、１９７１年には１２０で出発しました。スタグフレーションのどん底だった１９８０年には85まで下がりましたが、インフレを克服すると急上昇し、１９８４年秋には１５０という史上最高値に到達しました。次の底値が１９９５年の81で、戻り高値は、もうハイテク・バブルが崩壊しかけていた２００１年の１１９でした。

２００３年に１００を割りこんでからはめったに１００台に乗せることができず、サブプライムローン・バブル崩壊が起きつつあった２００８年の71が、これまでのところ史上最安値です。２０１６年には14年ぶりに１００台に乗せたのですが、直近ではまた90前後に下がっています。アメリカ経済のピークは、明らかに１９８０年代半ばだったと見ていいでしょう。

逆に、１ドルが３６０円に設定されていた固定相場時代を脱すると、米ドルの日本円に対する為替レートは下がりつづけています。こちらは、1米ドルを買うのに日本円でいくらかかるかの表示ですから、数字が大きいほど円安、小さいほど円高となります。1973年には早くも300円台を割りこみ、1978年に200円割れ、1994年に100円割れ、そして2011年には円の史上最高値である76・6円という水準に達しました。その後の円の反落も2015年の125円で打ち止めとなり、現在(2021年1月18日)は103・74円で円高方向に動いています。

結局のところ、ニクソンの「米ドル金兌換停止」宣言以来、不換紙幣の中でいちばん金に対する目減りが小さかったのはスイスフランで、僅差で日本円が続いているのが実情です。残念ながらスイスフランが入っていませんが、図40のグラフをご覧ください。

米ドル、イギリスポンド、日本円の金を買う力がどれほど下がったかを比較したグラフです。縦軸が対数目盛りになっているので、このグラフ上で直線は同じ値幅で動いているのではなく、同じ率で動いているということです。たとえば、1971年のところに垂直線を引いて、そのときから現在までどのくらいの距離で下がったかを見れば、出発点である1971年の水準が違っていても、直接下落率を比較できるということです。

3通貨とも1900年での金を買う力を100パーセントとして比較しています。米ドルは、1971年の60パーセントから直近の1パーセントへと、60分の1に下がっていま

図40 不換紙幣の対金減価率推移、1900～2020年

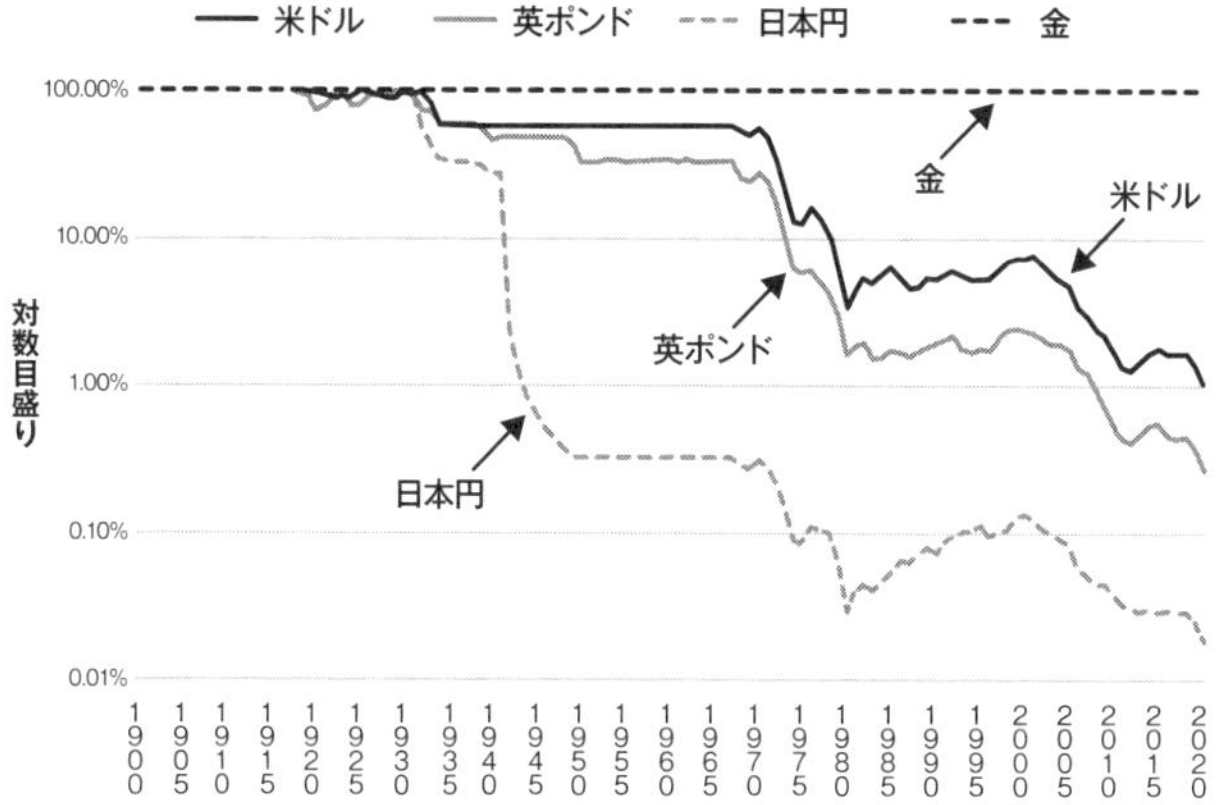

出所：ウェブサイト『Voima Gold』、2020年8月6日のエントリーより引用

す。イギリスポンドは1971年の30パーセントから直近の0・3パーセントへと、じつに100分の1になってしまいました。リバタリアン（自由至上主義者）とか新リベラリズムとかの影響を受けた弱者切り捨て型経済への転換で、英米経済が活力を回復したとおっしゃる方もいらっしゃいますが、通貨の金購買力で見ると、明らかに逆ではないかと思います。

一方、日本円は1971年の金購買力は1900年当時のわずか0・3パーセントと低かったのですが、その後の値持ちが良く直近でも0・02パーセントと1971年以降で15分の1への低下にとどめています。このグラフには登場しないスイスフランもほぼ同様のパターンで、日本円よりやや小さな購買力低下でした。

つまり、スイスフランも日本円も直近で19

71年当時の約15パーセントの金購買力を保っているのです。米ドルも、イギリスポンドも、今はユーロに統合されてしまったドイツマルクやフランスフランやイタリアリラも、もし単独通貨として残っていれば、1971年当時の1~2パーセント程度の金購買力しか持っていません。

最適な資産構成を考えるポートフォリオ理論に忠実であるために、値持ちのいい資産から値持ちの悪い資産への分散投資をするのは、明らかに本末転倒でしょう。「いや、今までは良かったが、もうダメだ。これからは円が暴落する」といったご意見をたびたび耳にします。おもしろいことに、新聞雑誌の論調や、政治家、官僚の方々、そして著名な経済学者のコメントは、バブル崩壊後どころか、高度経済成長期のまっただ中から、ほぼ一貫して悲観論が優勢で楽観論は少数派だったのです。

しかも、欧米の伸び盛りの一流企業と日本企業一般を比べるとか、欧米経済が理想としている姿と日本経済の現実を比べるとか、始めから「だから日本はダメなんだ」という結論を出すための「比較」をしているのです。こういう議論に振り回されて、「日本経済は危ないから、少しでも外貨を持っておかなくちゃ」と考えるのは、危険を避けたつもりでもっと危険な方向に踏み出すことになります。

もうひとつ、日本悲観論を唱える方々に共通していることがあります。それは、日本が世界最大の対外純資産国だという事実を無視していることです。対外純資産というのは、日本国民が外国に投資や融資をしている残高のほうが、外国から受け入れている投資や融資の残高より大きい状態だということです。逆に、対外純債務国は、外国から受け入れている投融資のほうが、自国から外国にしている投融資の残高より大きいということです。アメリカは世界最大の対外純債務国です。

対外純債務国は、諸外国から「あの国は借金を返せないな」と思われた瞬間に自国通貨建ての金融資産が投げ売り状態になる危険をつねに抱えています。対外純資産国は、対外投融資の一部を取り崩せば、対外債務は返済できるわけですから、自国通貨建ての金融資産価値が突然崩壊することはありません。

外貨を持つならスイスフランだが……

というわけで、私は外貨投資全体を否定的に見ています。とくに、この低金利の世の中でも預金金利や国債金利が高い、新興国通貨での預金などは、まったくお勧めできません。まさかのときのためにしておいた外貨建て預金を下ろさなければならない「まさかのとき」が、たまたまその国の通貨が弱く、日本円が強い時期だったとしたら、４～５パーセント程度の金利差は吹っ飛んでしまいます。

外貨建て預金を進めるフィナンシャルアドバイザーの中には、「もし円高に振れすぎたら、預金を持っている国に移住してしまえばいいんです」と平然とおっしゃる豪傑もいるそうです。ですが、外国旅行をすることと、外国に住むことはまったく違います。

基本的に、どうしてもその国に住みたい人か、その国でなければできない仕事や勉強がしたい人以外は、外国住まいをすべきではないと思います。外貨建ての預金や投資の収益を守るために、とくに住みたいと思っているわけでもない外国に住むのは、あり得ない選択肢でしょう。

過去半世紀にわたって通貨価値を守ってきた実績から言えば、資産を持つことを真剣に検討する価値があるのは、スイスフランぐらいでしょう。しかし、そこにはふたつの問題があります。ひとつは外貨建て投資全般に言える問題で、もうひとつはスイス固有の金融情勢にかかわる問題です。

資産を海外通貨で持つと、最低でも買うときと売るとき、計2回為替相場変動のリスク、代理人リスク、取引相手リスクを負うことになります。「投資収益を守るための海外移住は、移住先が物騒な国ならむずかしいかもしれないが、スイスなら景色もいいし、あまり殺伐とした大都会もないので住みやすそうだ」と考えるのは危険です。

スイス永住は、スイス以外のヨーロッパ諸国民にとってもハードルが高いそうでして、日本人にはとうていお勧めできません。最大の問題は、比較的狭い国土の中に、フランス語圏、ドイツ語圏、イタリア語圏があることです。

「だからどれを母語とする人にも公平なように、だれにとっても外国語である英語で話すので、英語さえできれば日常生活に不便はない」とおっしゃる方もいます。知的職業の人同士の会話では、そうかもしれません。でも、日常生活は知識人との会話だけでは成り立ちません。世界中どこに行っても、知識人以外の人たちは、自分のうちで話されている母語と、まわりに大勢話す人がいる言葉しか通じません。言葉が通じない国で暮らすのは大変です。

また、食事が一苦労です。私が行ったことのある国の中で、一流のレストランでもメインディッシュがお替り食べ放題という国はスイスだけでした。決してまずいわけではありません。でも、チーズを中心にこってりした味付けでカロリーも高い料理ばかりで、そうとうな食いしん坊でも一皿食べただけでげんなりします。あれなら、お替り食べ放題でもコスト高で採算が取れないというレストランはなさそうだと納得しました。観光旅行や短期滞在ならともかく、外食のたびにあの料理ではちょっと食生活がつらいでしょう。

もう少し、真剣な金融情勢の問題で、これからはスイスフラン建て資産は避けるべき理由があります。スイスの中央銀行はスイス国立銀行というのですが、この銀行がじつに奇妙な存在なのです。ふつうの国の中央銀行は、なるべく中立公平の立場から金融行政をおこなえるように、あまり利益追求はしないことを要請されています。ところが、スイス国立銀行はスイス各州（カントンと言います）が株を持つ株式会社組織になっていて、株主である各州になるべく大きな配当を出す義務を負っているのです。

それだけでも「危ない中央銀行だな」とお思いの方が多いでしょう。それに加えてスイス国立銀行は、2000年代に金準備の処分について大失敗をしたために、2010年代に入ってから国民の信頼を回復しようとシャカリキになってファンド運用をしてきたのです。まず、2000年代にどんな失敗をしたのかから、ご説明しましょう。

1990年代の大半を通じて、金価格はトロイオンス当たり300ドル台の低位安定で終始しました。さらに、90年代末には300ドル台を割りこんでしまいました。当時、先進諸国のインフレ率は低いほうでも2〜3パーセント、高い国では4〜6パーセントになる国もありましたから、約10年間価格が横ばいからやや下落気味だった金の実質価格はそうとう下がっていたわけです。

日本は経済力の割に金準備の水準が低めでしたし、デフレ傾向も続いていました。ですから、あまり「インフレの時代に価格が横ばいの金をいつまでも抱えているのは損だ」という批判は出ませんでした。ですが、比較的金準備も多く、インフレ率が高めだったヨーロッパ諸国では、中央銀行が金準備の実質価値の目減りを放置していたことが、かなり問題視されたのです。

というわけで、1999年9月にヨーロッパ主要国の中央銀行がアメリカの首都ワシントンに集まって、徐々に金準備を縮小しようということになりました。ただ、いっせいに大量の金を放出すると値下がりによってますます価格を下げてしまうので、1年間に公的準備から放出できる金の総量を決めておくという合意が成立しました。この取り決めを中央銀行金売却協定（CBGA）と呼びます。アメリカの中央銀行である連邦準備制度は、会議場を提供しただけでこの協定には参加していません。

こうして、各国中央銀行が放出できる金の総重量は2000〜04年の5年間が400トンと決まり、ヨーロッパ諸国の中央銀行がかなり大量の金を売りはじめました。5年ごとの見直し条項によって、2005〜09年の5年間の上限は500トンとなり、2010〜14年の上限は、また400トンに下がりました。

皮肉なもので、第1期が終わる2004年末ごろから金価格が上昇のきざしを見せて、第2期が終わる2009年には1000ドル目前まで上昇していました。ですから、第1期の400トンはほぼ使い切ったのですが、第2期の500トンは使い残しが多く、最終年の2009年には購入量のほうが売却量より大きくなっていました。当然、金価格が急上昇した2011年をふくむ第3期には、この協定は完全に有名無実化しています。

そんな中で、なぜかスイス国立銀行はCBGA参加国中でも最大の、約1600トンを売却していたのです。その結果、この協定発効前は約2600トンと世界第5位だったスイスの公的金準備は、現在ぎりぎり1000トン台を維持しているものの、ロシアや中国に抜かれて第7位に落ちています。順位の低下もさることながら、持っていれば約300パーセントの評価益が出ていたはずの金を、むざむざと安値で売却してしまったことに対して、スイス国民は大変腹を立てました。

スイス国立銀行が国民の信頼を回復し、各州に多額の配当をするために取った政策は、スイス国内の各銀行から預かっている法定準備を超えた資金をアメリカ株中心に運用することでした。しかも、まるでインターネット証券会社、ロビンフッドの口座を開設したばかりのしろうとデイトレーダーのように、値動きのいい人気銘柄への集中投資をしています。今のところ、このスタンスは大成功です。「スイス国立銀行は、世界でもっともパフォーマンスのいいヘッジファンドだ」と評する人もいるほどです。

しかし、いつか、それもそう遠くない将来、実体経済の停滞とはかけ離れたアメリカ株の上昇にも、反落のときが来るでしょう。そうなったとき、ロビンフッド口座を使って細々と売買している個人投資家と違って、スイス国立銀行のポジションは巨額です。自分の売りで残りの持ち分をさらに安くすることなく、こっそり売り抜けることなどできないと思います。

私が一応国際経済の混乱が収束する年と見ている２０２７年までのどこかの時点で、スイス国民経済はスイス国立銀行のヘッジファンド化失敗によって深刻な打撃を受けるでしょう。それに対して、虚構の「米中対決」の構図の中で国際金融の世界から「消えていた」日本円は、世界経済激動から受ける打撃が小さいはずです。どう考えても、日本円をスイスフランにという乗り換えは、飛んで火に入る夏の虫になりそうです。

ビットコインという選択肢はどうだろか

「いや、そもそも話の順番が違う。海外に移住するつもりで現地の言葉も習得しながら日本で働いているうちは、資産だけ先に移すのは不安だから日本に持っている。なんらかの理由で想定より早く日本脱出を考えなければならないことになったら、やはり金は持ち運びに重いし、空港や国境検問所の金属探知機に引っかかる。それなら、ビットコインで資産を貯めていったほうが好都合ではないか」という方もいらっしゃるでしょう。

たしかに、海外移住計画のある方々には、暗号通貨中最大のシェアを持つビットコインが、自分で持って国境を越えやすいという意味でお勧めです。とにかくUSBメモリーに記憶させたデジタル財布に入れておくだけでどんなに巨額の資金も自由に持ち運べますから。

そして、日本から外国への移住計画をお持ちでない方々も、一応ビットコインをはじめとする暗号通貨の特徴を研究しておかれたほうがいいと思います。世界中の中央銀行が真剣に官製デジタル通貨、いわゆる中央銀行デジタル通貨の導入を検討しています。もし、国民の金銭取引をすべて中央銀行が監視できるようになったりしたら、自衛手段は暗号通貨のみとなるかもしれません。そうなった場合、もう数千種類出回っている暗号通貨群の中で、いちばん価値を保全する能力が高いのは、間違いなく最大の時価総額を維持しているビットコインでしょう。

ただ、まだ発展途上の通貨ですから、たとえば米ドルベースでの価格変動を見ると、金とは対照的な乱高下をします。つまり、ボラティリティが高いのです。図41のグラフにも、この特徴がはっきりと出ています。

これは、2020年1月初めの価格をゼロとして、その後の累計変動率を上昇すればプラス、下落すればマイナスのパーセンテージで示したグラフです。一目瞭然で、ビットコインは上がるときも下がるときも金の数倍、ときには数十倍の変動率で動くことがわかり

図41 ビットコイン対金累計変動率推移〈2020年1～11月〉

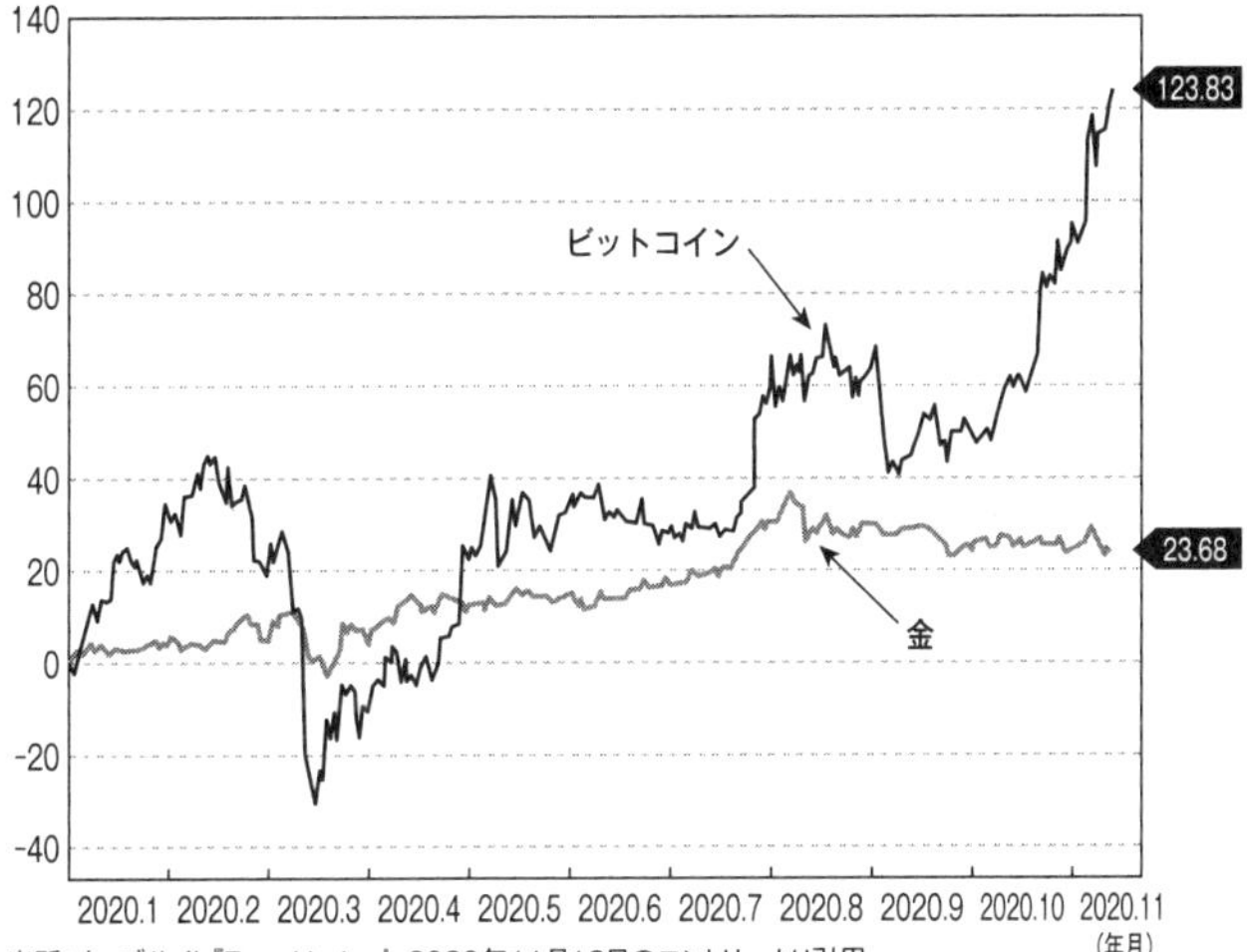

出所：ウェブサイト『Zero Hedge』、2020年11月12日のエントリーより引用

ます。11月上旬を終えた時点では、ビットコインが年初来１２４パーセントの上昇だったのに対して、金は約24パーセントの値上がりにとどまりました。

ビットコインは倍返しのおまけに24パーセント付いてきたのに対し、金はそのおまけ分だけの上昇だったわけです。図42のグラフは、観察期間が約３カ月半と短くなりますが、同じくビットコインと金の価格変動率の差を実額で見たものです。

７月初めから11月半ばまででは、金はわずか70ドルほどの値上がりで１８７２ドルにとどまり、一方ビットコインは９０００ドル強から１万７６６５ドルへと、たった３カ月半でほぼ倍増しました。このグラフのタイトルにも出ていますが、

図42 ビットコインに史上最大の資金流入、金から大きな資金流出〈2020年7～11月〉

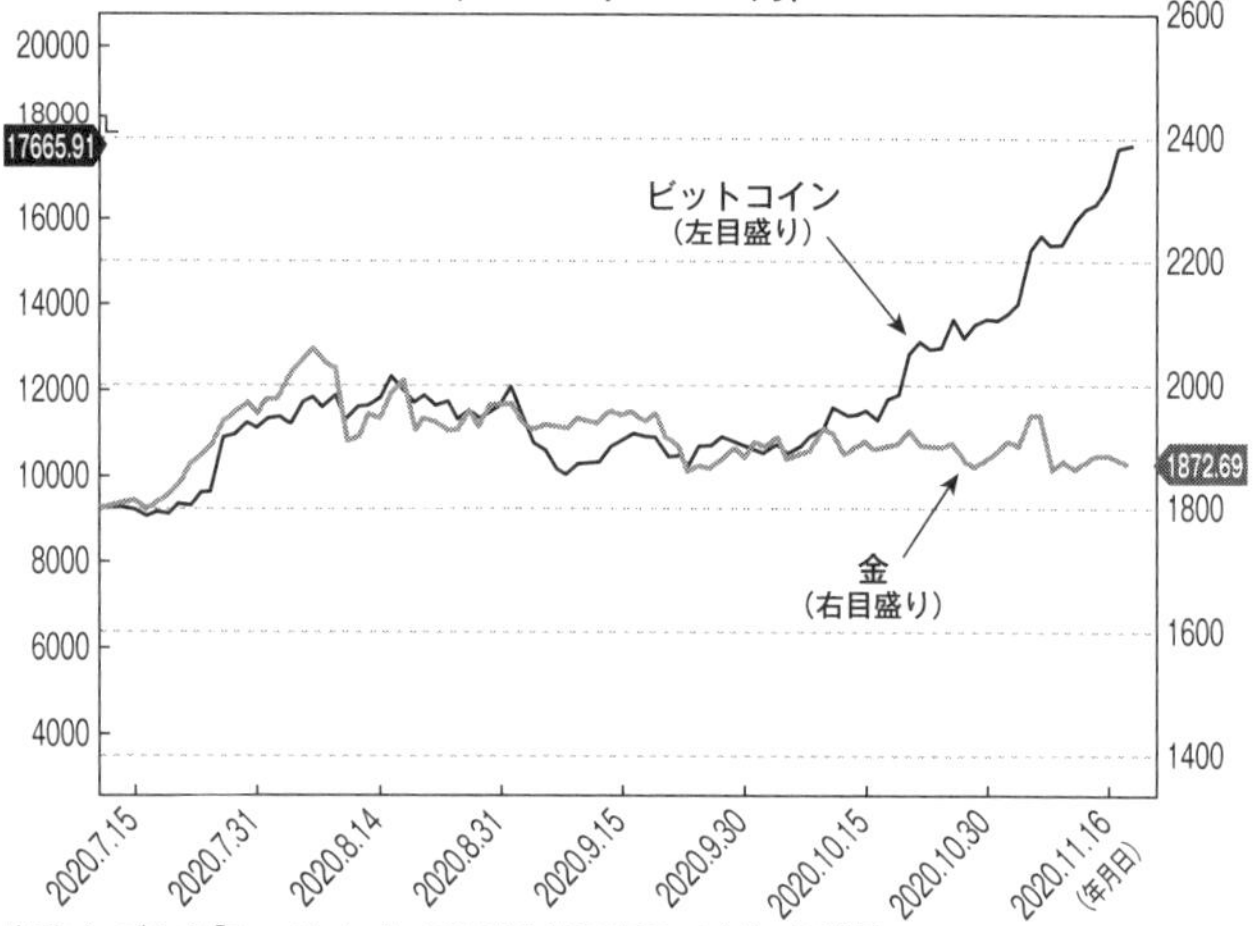

出所：ウェブサイト『Zero Hedge』、2020年11月20日のエントリーより引用

その一因は金からかなりの資金が流出して、それがビットコイン市場への史上最大の資金流出につながったと見られます。

この資金の流れをどう見るべきでしょうか。「比較的保守的な金投資家でさえ、ビットコインへの資金移動を考えるようになった。つまり、それだけビットコインの信認が高まった証拠だ」という見方もあります。「いや、金市場からちょっと資金が流入しただけですぐ史上最大の資金流入となって、価格も暴騰するようでは、まだまだ変動性が高すぎて安全な資産保全の場とは呼べない」という見方もあります。

資産保全のための投資対象としては、おそらく後者の見方が正しいでしょう。

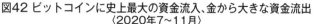

図43 2020年年初来ビットコインの驚異的パフォーマンス

出所：ウェブサイト『Explica』、2020年11月16日のエントリーより引用

とは言うものの、２〜３月のいわゆるコロナショック以降、乱高下の激しかった２０２０年の金融市場で、年初来価格上昇率の高さには目を見張るものがあります。GAFA（グーグル、アップル、フェイスブック、アマゾン）のようなアメリカ株人気銘柄の上昇ばかりが話題を独占しがちですが、２０２０年の金融市場は、「安定性を選ぶなら金、値動きの良さを選ぶならビットコイン」だったのは、間違いのないところです。

図43の表のように、極限まで絞りこんだ数字で対比すると、この点が鮮明に浮かび上がってきます。

問題は、持続力です。ビットコインはこの先、高値を維持できるのでしょうか。もっと上げるのでしょうか。それとも2017年末に1万9000ドル目前に迫ってから暴落した（図44参照）ときと同じように急落に転ずるのでしょうか。

じつは、私はビットコインが大暴落しているまっ最中の2018年6月に『これからおもしろくなる世界経済――ついにビットコインの謎が解けた』（ビジネス社）という本を書きました。要旨は、「経済や金融におけるほんとうに重要な革新は、最初は期待が大きすぎて派手なバブルの膨張と崩壊を招く。だが、そのあとしっかりと地に足を付けた成長軌道に乗るものだ」ということでした。

今回のビットコイン価格の上がり方には、持続力がある

2018年12月に3200ドルで大底を付けてからのビットコインは、前回の打ち上げ花火のような急騰ではなく、何回か反落局面を織り交ぜながら、上昇基調を維持しています。この本を書きながら用意した図44のグラフには取りこめませんでしたが、ビットコインはその後も上昇しつづけ、ついに2021年1月上旬には4万ドル台に突入しました。

私は、今度こそビットコインが高値圏に定着すると見ています。この見方については、

図44 史上最高値に迫るビットコイン〈2015~20年〉

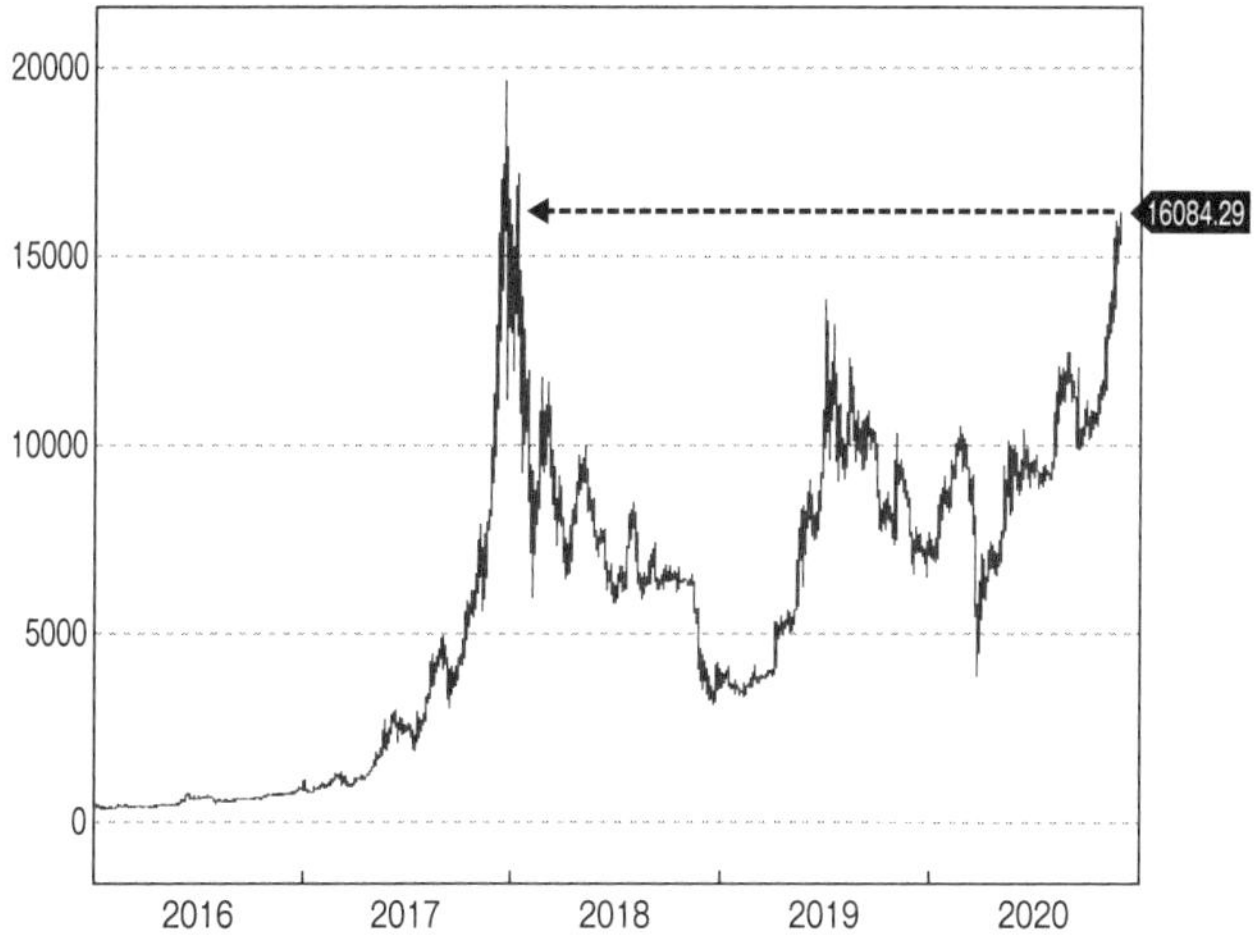

出所：ウェブサイト『Zero Hedge』、2020年11月12日のエントリーより引用

当然賛否こもごものご意見があると思います。ただ、「ビットコインのように評価が定着していない金融商品は避ける」とおっしゃる保守的な方々にも、ビットコインの価格動向には注目していただきたいと思います。それは、ビットコインの値動きが、金の値動きに約20日先行していて、ビットコインを見ていれば、約3週間先の金の値動きを予測できるということです。図45のグラフをご覧ください。

このグラフでは、どちらも11月20日の引け値まで収録してあるのですが、山も谷もビットコインのほうが約20日早く来るということで、金については11月20日の価格が10月31日の場所に移動させてあり、金価格全体が実際より20日遅い変化

図45 ビットコイン対金価格推移〈2015~20年〉

出所：ウェブサイト『Knowledge Leaders Capital』、2020年11月20日のエントリーより引用

として描かれています。たしかに、変動幅はビットコインのほうがはるかに大きいのですが、山や谷は金価格を20日遅行させるとかなり正確に合っています。

そのほかにも、じつにさまざまな経済・社会事象とビットコインの相関性を探る調査がされています。その代表例が、図46の2段組グラフでしょう。

上段は、ビットコイン価格と、名目金利の段階ですでにマイナス金利になっている世界中の債券の総額との連動性を調べたグラフです。かなり緊密な正の相関があることをご確認ください。もうひとつおもしろいのは、ビットコイン価格が先に動き、マイナス金利債券総額のほうが後からついて行くケースが多いことで

図46-1 ビットコイン価格はマイナス金利債券総額と連動〈2020年1～11月〉

図46-2 ビットコイン価格はコヴィッド-19症例数とも連動〈2020年7～11月〉

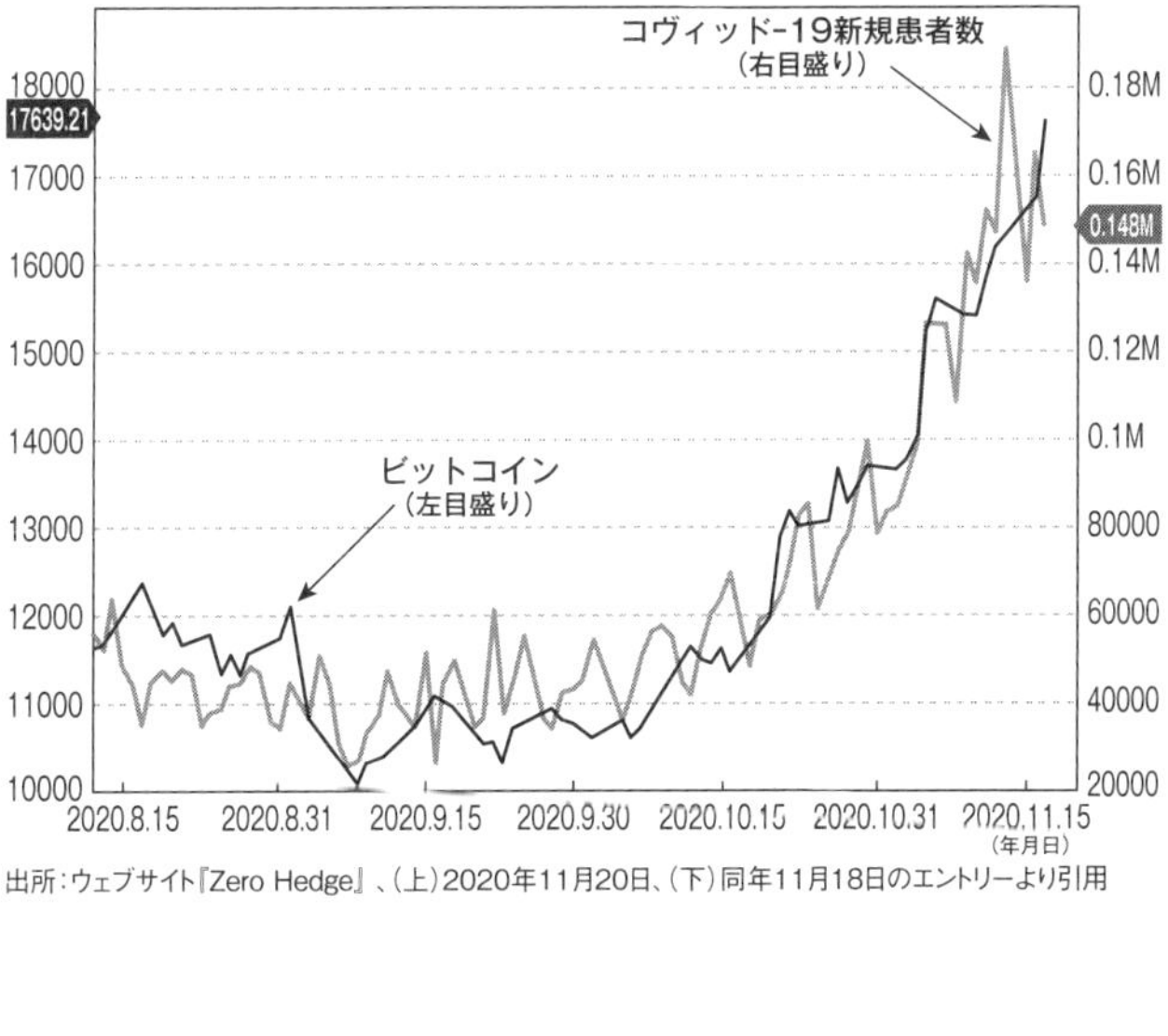

出所：ウェブサイト『Zero Hedge』、（上）2020年11月20日、（下）同年11月18日のエントリーより引用

す。金価格と米国債10年物の実質金利の場合には、金価格のほうがやや遅行気味だったので、金価格は米国債の利回り変化を予測するには適切でありませんでした。でも、ビットコイン価格はマイナス金利債券の量がこれからどう変化するかを予測するのに使えそうです。

下段のグラフを見ると、ビットコイン価格はコヴィッド-19感染者の症例数とも正の相関を示しています。ビットコイン価格が上がるとコヴィッド-19患者が増えるという因果関係は考えにくいので、ビットコインはコヴィッド-19蔓延による経済活動停滞に対するヘッジと考えられていると見ていいでしょう。また、ビットコインは若い世代の支持が強いことを示すデータもあります。図47の表とグラフの組み合わせ中の上段の表です。

大ざっぱに言って1980年代以降、21世紀初頭ぐらいまでに生まれた人たちをミレニアル世代と呼びます。彼らはすでにデジタル環境が整ってから生まれ育ったので、デジタル空間にしか存在しないものも比較的高く評価すると言われています。そのひとつの表れが、株やファンドについて各世代お気に入りトップ10を調査したときの顔ぶれです。日本の団塊の世代に当たるベビーブーマー世代や、谷間の世代に当たるX世代ではビットコイン関連の株もファンドも出てきません。でも、ミレニアル世代では、5位にビットコインを組み入れた投資信託の運用会社が登場します。

図47 ビットコインはミレニアル世代保有株・ファンドトップ10中第5位

ミレニアル世代	(%)	X世代	(%)	ベビーブーム世代	(%)
アマゾン	7.87	アップル	10.52	アップル	9.19
アップル	6.18	アマゾン	7.16	アマゾン	5.32
テスラ	3.22	バークシャー・ハサウェイ	2.37	バークシャー・ハサウェイ	2.75
フェイスブック	3.03	フェイスブック	2.26	マイクロソフト	2.69
グレイスケール・ビットコイン信託	1.84	マイクロソフト	2.16	フェイスブック	1.43
バークシャー・ハサウェイ	1.73	テスラ	1.45	ビザ	1.25
ウォルト・ディズニー	1.66	アルファベット	1.30	アルファベット	1.23
ネットフリックス	1.58	ネットフリックス	1.29	AT&T	1.17
マイクロソフト	1.53	アリババ・グループ	1.23	ボーイング	1.08
アリババ・グループ	1.39	ビザ	1.23	アリババ・グループ	0.98

しかし、時価総額は極小

ビットコインの時価総額は、世界のマネーサプライ総額のたった0.5%

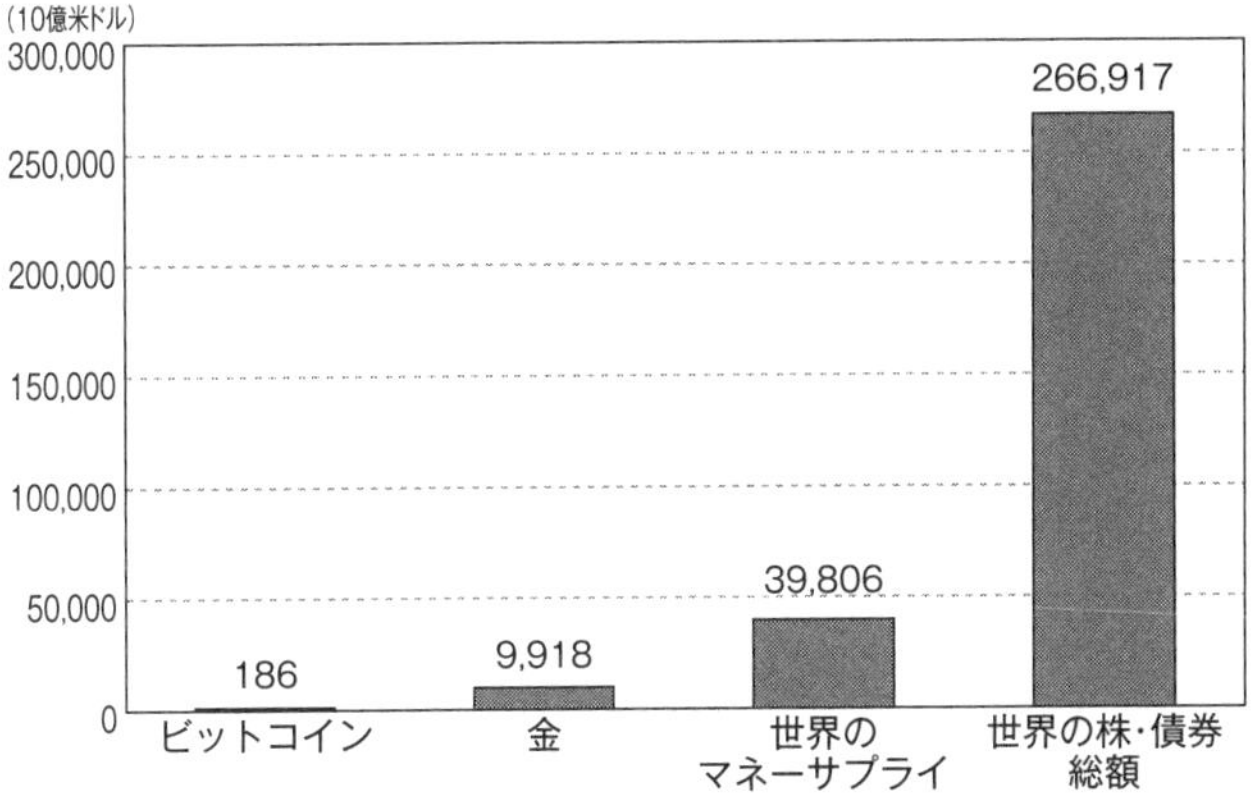

原資料：ハイヴァー・アナリティクス、ブルームバーグ、ゴールドマネー財団、世界金評議会のデータからケイシー・リサーチが作図
出所：（上）ウェブサイト『Zero Hedge』、2020年10月25日、（下）『Casey Research』、2020年7月17日のエントリーより引用

今後もまだまだビットコイン市場が成長すると予測すべきもうひとつの理由が、ビットコイン1個の価格はウナギ昇りですが、ビットコインの時価総額は非常に小さいことです。下段のグラフでご覧のように、わずか1860億ドルで、9兆9180億ドルの金の時価総額の1・9パーセント、39兆8060億ドルである世界のマネーサプライ総額の0・5パーセントにすぎません。上値余地《うわねよち》は大きそうです。

それでもビットコインはあだ花か

アメリカにネイサン・ルイスという経済学者がいます。ケインジアン（ケインズ派経済学者）かマネタリスト（貨幣供給重視派）でないと、なかなか研究助成をもらえないアメリカの経済学界で、堂々と正統オーストリア学派（不介入主義経済学者）を名乗っているのもユニークです。でも、現代アメリカで「クルマ社会と決別して電車と徒歩の日常生活を取り戻そう」と訴えつづけているのですから、ドン・キホーテのような人だと言えるでしょう。

そのネイサン・ルイスは、ビットコインを次の2点で批判しています。1点目は「ビットコイン、人糞の缶詰」説です。批判のしかたも人騒がせでしょう？　2点目はややおとなしく、実証データを積み上げていかにビットコインがエネルギー浪費型の資産かを明らかにしています。

彼は、1961年にピエロ・マンツォーニというイタリアの芸術家が、90個限定で本物の人糞を缶詰にして、1個、1個にサインをして作品として売り出したというエピソードから自説を説き起こします。謹厳実直な工場経営者だった父親に「おまえが芸術と称してやっていることは、ひとつ残らずみんなクソだ」と言われたのにヒントを得てやったことだそうです。90個限定という希少価値が関心を惹いたらしく、1個37ドルで完売しました。それどころか、この人糞缶詰はその後もめったに流通市場に出てこないので、希少価値はさらに高まりました。2016年に行われた最新の取引では、なんと27万5000ユーロの値が付いたそうです。これはS&P500株価指数よりはるかに高い上昇率です。

というわけで、ルイス教授によれば「ビットコインがこんなに値上がりしているのも、数量限定で希少価値があると思う人が多いからというだけのことだ」そうです。この批判への反論は簡単です。たしかにビットコインは当初から供給個数の上限を決めています。ですが、その上限は図48のグラフでもご覧いただけるように、2100万個なのです。

2100万個という総供給量は、採掘作業が始まったころには「ピザ1枚だって買えやしない」と言われたほど低かったビットコイン価格を4万ドル台まで押し上げるほど、希少性の高い数字でしょうか。ちょっとどころか大いに無理のある議論だと思います。

図48 ビットコイン供給予定、2009～2053年

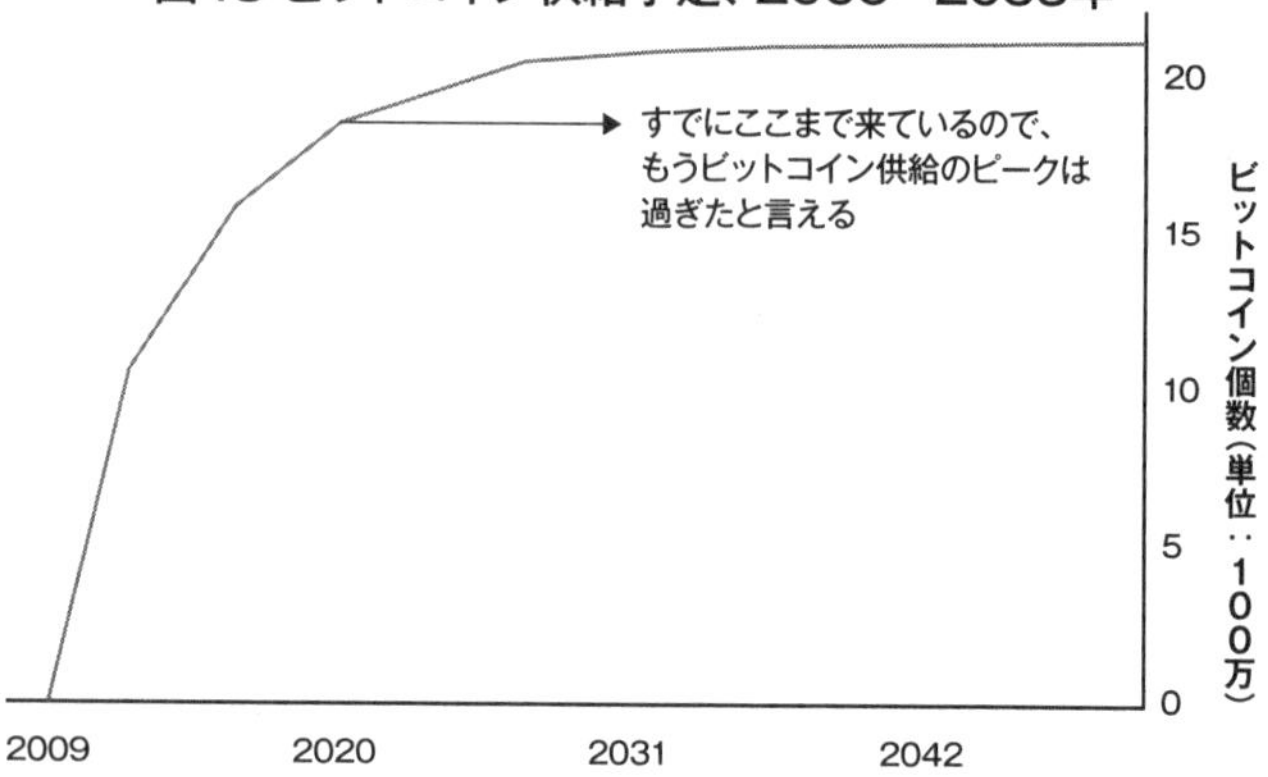

原資料：ザ・キャピタル、ケイシー・リサーチ
出所：ウェブサイト「Casey Research」、2020年7月17日のエントリーより引用

もうひとつのエネルギー浪費に話を移しましょう。こちらは、非常に説得力のある論点だと思います。まず図49の2段組グラフをご覧ください。

上段から見ていきましょう。主としてビットコイン採掘での膨大な演算のために、副次的にはビットコインを使った取引のために、年間で消費する電力量を示しています。ちなみに、1テラワット時とは、10億キロワット時のことです。やや薄い色の凹凸の激しい折れ線は、最低でもこのぐらいは使わなければならないはずだという推論にもとづく数値です。直線部分の多い濃い色の折れ線は、同業者との競争に勝つためにこれぐらい余計に使っているだろうという推定です。

下段は、採掘業者にそれほどの電力消費量に

図49-1 ビットコインのエネルギー消費量〈2017~20年〉

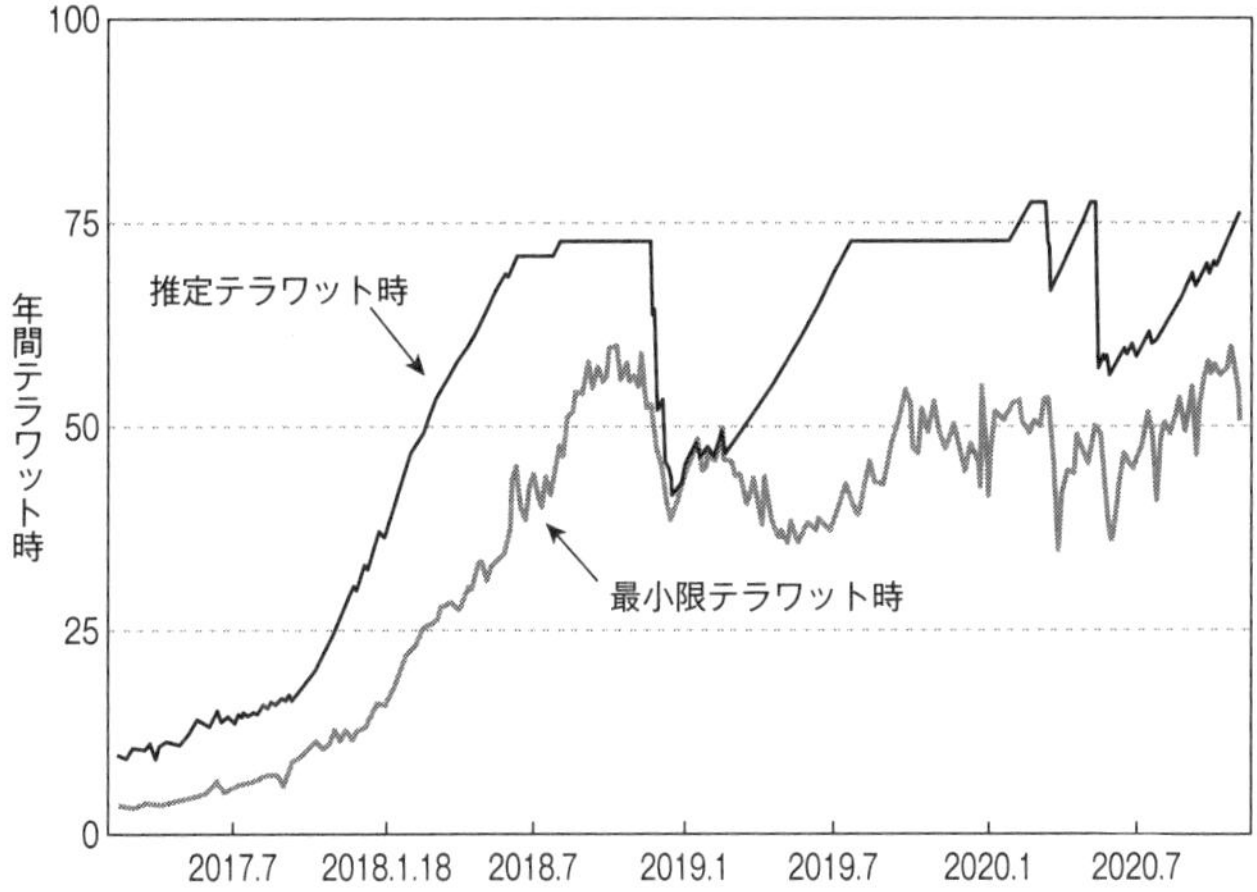

図49-2 ビットコイン採掘の月間収入〈2016年1月~2020年9月〉

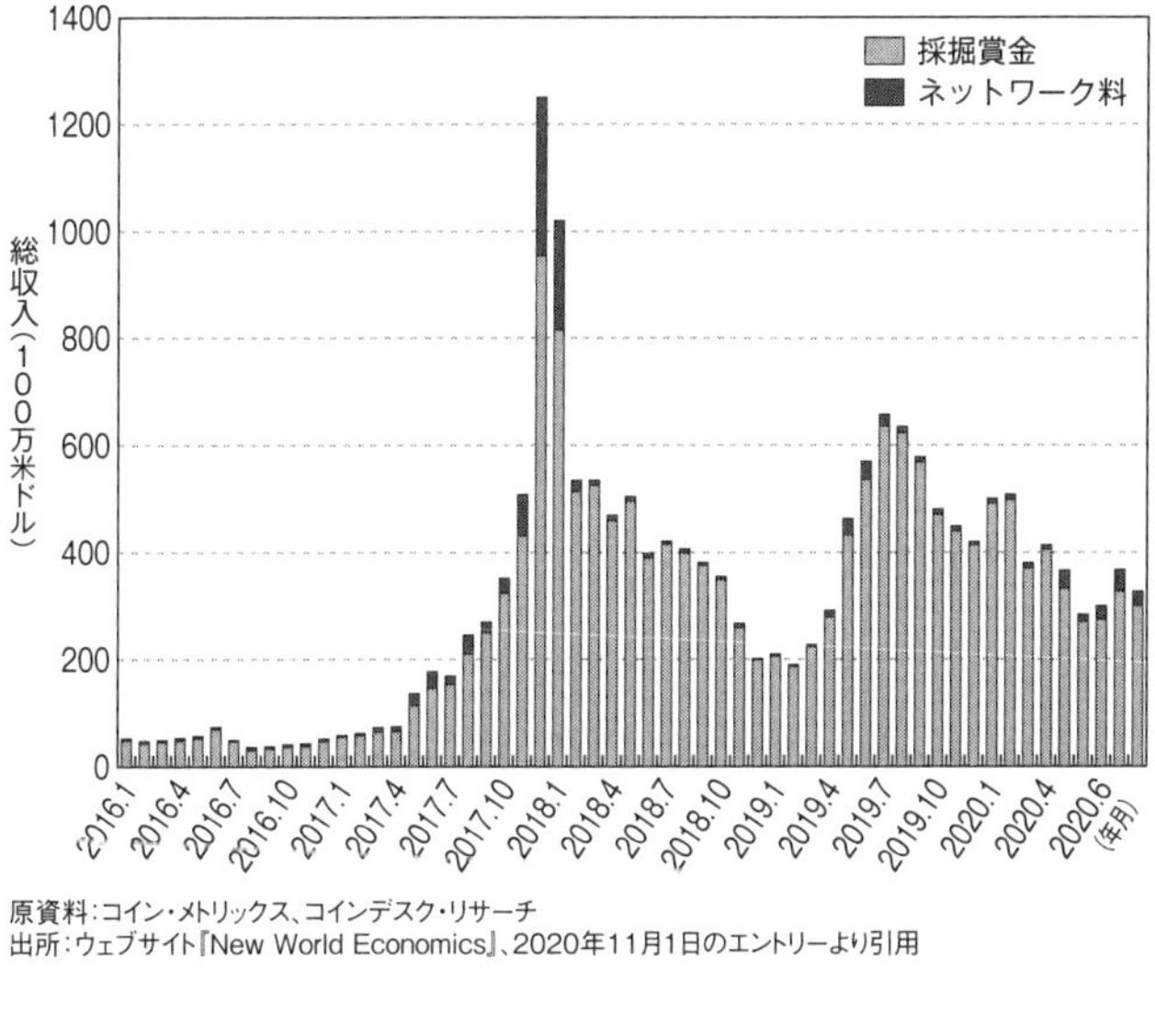

原資料：コイン・メトリックス、コインデスク・リサーチ
出所：ウェブサイト『New World Economics』、2020年11月1日のエントリーより引用

見合うだけの収益が上がっているのかを推計したグラフです。ビットコイン価格が1万9000ドル目前まで上がった最初のブーム期には、採掘業界全体の月収が約12億ドルと、なかなか好収益だったようです。しかし、2度目のブームが起きつつあった2020年9月でも2億ドル強にとどまっており、昔日の面影はありません。電力費はほぼ同じなのに月収が約6分の1では、収益性は大幅に下がっているでしょう。

ただ、これだけ収益性が悪化しても、電力消費量は前回のピークとほぼ同水準に上がってきたということは、損失がかさんで撤退する業者はあまりいないことを示唆しています。専用アプリを付けた大容量コンピューターを数多く使っている業者には、安定収益が出ているのでしょう。

しかし、図50の表を見ると、社会全体にとってこれほどの電力をビットコイン採掘に投入することが望ましいかという疑問も湧いてきます。

上段には、ビットコインが存在することによって、年間でどのくらい人為的な環境負荷(フットプリント)が大きくなっているかが出ています。二酸化炭素排出量3640万トンは、ニュージーランドの排出量にほぼ匹敵します。76・64テラワット時の電力消費量は、チリの電力消費量と同じくらいの量です。1万620トンの電子廃棄物は、ルクセンブルクで出ている電子廃棄物の量に近いそうです。

図50 ビットコインの年間総フットプリント

炭素負荷	電力負荷	電子廃棄物
二酸化炭素3640万トン	76.64テラワット時	1万620トン
ニュージーランドの二酸化炭素排出量とほぼ同じ	チリの電力消費量とほぼ同じ	ルクセンブルクの電子廃棄物とほぼ同じ

ビットコイン1個分の取引量当りフットプリント

炭素負荷	電力負荷	電子廃棄物
二酸化炭素346.87キロ	730.25キロワット時	101.20グラム
ビザカード支払い86万7172回分か、ユーチューブ視聴5万7811時間とほぼ同じ	アメリカの平均的な1世帯が24.68日で消費する電力量とほぼ同じ	単2乾電池1.56個か、ゴルフボール2.2個とほぼ同じ

出所：ウェブサイト『New World Economics』、2020年11月1日のエントリーより引用

下段はビットコインが1個採掘されるまでに行われる間違った解答の送信や、ビットコイン取引の決済に使われるエネルギーのフットプリントです。こちらは比較対象が国ではなく、さまざまな用途でエネルギー消費が何回、あるいは何時間できるかという比較になっているので、実感を持てます。

二酸化炭素排出量はビザカードでの支払い86万7000回か、ユーチューブ視聴5万7800時間分と、とんでもない数です。電力負荷はアメリカの平均的な世帯の約25日分です。電子廃棄物の量は、単2乾電池1・56個分か、ゴルフボール2・2個分と意外に少ない。なぜゴルフボールが引き合いに出されるのかは、よ

くわかりませんが。

さて、人類はこれだけ大量の電力を消費しながら、それでもビットコインという新しい貨幣を使いつづける意義を見出せるものでしょうか？　ネイサン・ルイスは「ない」と断言します。私は、世界中の政府や中央銀行が現金取引を廃止し、デジタル通貨ですべての金銭決済を監視する体制を築くことを防ぐためなら、あると思います。

資産防衛用の金は、どんなかたちのものを買うべきか

ビットコインの将来性も見てきましたが、個人投資家の資金の範囲内では、純度・重量に信頼の置ける政府造幣局が鋳造した金貨に集中投資すること、これがいちばんです。理由は大きく分けて2つあります。

1つ目は、たとえば1トロイオンスの金貨は時価で20万円程度ですから、コツコツ貯めていくには安すぎも高すぎもしないちょうどいい金額ではないかということです。また突然資金をつくる必要が出てきた場合にも、あまり余計なコストがかからないでしょう。ずっしり重い金延べ棒を買ったりすると、少額の資金が必要になったとき、持っている延べ棒を売って、現金化する分と、小さな延べ棒に買い替える分が出てくるとか、延べ棒を切断

するコストが生じるとか、面倒です。

各国中央銀行が標準仕様としている400トロイオンス（12・4キログラム）の延べ棒は時価約8000万円、その2分の1サイズでも4000万円、4分の1サイズでも2000万円です。少額の資金を捻出するときには、価格が高すぎることが多いと思います。

2つめはもっと深刻な問題点です。金延べ棒は驚くほど純度・重量に均一性を欠き、しろうとがくろうとから買うのは危険な商品なのです。たとえば12・4キロと刻印を押してある延べ棒が、ほんとうにそれだけの重さがあるとはかぎりません。ウィキペディアにも載っていますが、350トロイオンスから430トロイオンスまでは、「400トロイオンスの金延べ棒」という刻印を押せる許容範囲とされているのです。

貴金属商同士では、刻印などまったく信用せず取引をするたびに純度も重さも確認し合って決済しているのだと思います。でも、しろうとがたった1本だけ400トロイオンスの延べ棒を買いに行ったとき、うっかり間違えて400トロイオンスより重い延べ棒を渡してくれるなどということがあるでしょうか。

気っぷのいい魚屋さんからブリやサケを100グラムの切り身で買うときなら、「あっ、間違えて150グラムにしちゃった。まあいつもごひいきにしてもらっているからお代は100グラム分でいいよ。持ってけ」というようなこともあるかもしれません。でも、貴金属商にひんぱんに買いものに行っている個人客はめったにいないでしょう。

なぜ金延べ棒の重量はこんなに不安定なのか、私なりに考えてみました。やはり、アメリカで金地金取引が長年にわたって禁止されていたために、イギリスが取引の中心であり続けたことの影響が大きいのではないかと思います。イギリスの商慣行には、知ったかぶりをしてくろうとに交じって取引に参加するしろうとには、痛い目を見させてやるのが親切だという伝統があるような気がします。

もうずいぶん昔のことになりますが、イギリスではポンド・シリング・ペンス制という複雑な貨幣単位を使っていました。12ペンスが1シリングで、20シリングが1ポンドです。それだけでも複雑なのに、この12進法と20進法を併用していただけではなく、ポンドとほとんど同じ価値のギニーという単位もあって、そちらは20シリングではなく、21シリングとなっていました。

どんなときにギニーを使っていたのでしょうか。芸術作品、書画骨董、古銭、切手、中世手書き装飾本、著名人のサイン入り蔵書など、専門家の鑑定なしには円滑な取引が期待できない商品は、ギニーで価格表示をするのです。

ただ、同業者間の決済ではギニー表示で価格が書いてあってもギニー＝ポンドで取引します。業者の手から客の手に渡るときだけ、1ギニーは21シリングということになるのです。つまりこれは、鑑定料や仲介手数料以外にも、くろうとからしろうとの手に渡る商品の価格には自動的に5パーセントの上乗せがあるということです。

そういう伝統を引いている国が商慣行を形成している市場です。「目の前で重さを測ってくれ」などと言えない気弱な個人客が来たときには、軽い延べ棒を平然と「刻印通りの目方ですよ」と言って渡しそうな気がします。

各国の造幣局が鋳造している金貨には、そういうあいまいさはありません。それぞれ、重さや純度をきちんと表示して鋳造しています。純度が高くて刻印される図柄が安定しているオーストリアのハーモニー金貨（99・99パーセント）、カナダのメイプルリーフ金貨（同じ）などが、金地金価格の変動に伴って価値がどの程度変わったかをチェックしやすくていいでしょう。また、重さも全部1トロイオンス貨にしておくと、1個当たりの時価の目安もつきやすく、平積みもしやすく便利です。

イギリスのブリタニア金貨の場合、2013年以降は純度99・99パーセントでいいのですが、再発行をはじめた1987〜89年分は銅を混ぜた22金、また1990〜2012年は銀を混ぜた22金と、発行年次ごとにかなり価値が変わってしまいます。すでにブリタニア金貨を貯めていらっしゃる方々には、1987〜89年分、1990〜2012年分、2013年以降分と発行年次ごとに仕分けして保管されることをお勧めします。

発行年ごとにデザインの変わるオーストラリアのカンガルー金貨も、また同じオーストラリア造幣局発行の干支《えと》金貨も、純度は99・99パーセントです。ただ、図柄の人気によって微妙に価格が違うという、資産価値をチェックする場合のわずらわしさがあります。

中国のパンダ金貨は、毎年図柄が変わる上に、純度が99・9パーセントとほかの造幣局のものよりやや低くなっています。純度が低いなりに安定した評価の基準がある22金でもないのは、鋳造工程の精度管理の問題かもしれません。また、２０１５年までは国際的な金計量の基準どおり1トロイオンスで出していたのに、２０１６年以降は30グラムに変えてしまいました。さらに金貨売買商の中には、全部1トロイオンスと見て値付けをしている、あまり良心的ではない店もあります。中国の政治社会的問題にはなんの不安も感じていないとおっしゃる方にも、中国造幣局が発行する金貨はお勧めできません。

金貨売買サイトなどで、たまに「純金は柔らかすぎて傷による減価が怖いので、混ぜものをして硬い合金にした金貨のほうが値持ちはいい」と書いてあるところもあります。たしかに、いわゆる純金、つまり純度99・99パーセント（24金）の金貨は、人間の爪でこすってもひっかき傷ができるほど柔らかい。しかし、安全な場所に保管しているかぎり、減価するほどの傷をつける心配はないでしょう。ほかの硬貨と一緒にポケットに入れてじゃらじゃら持ち歩きでもすれば、話は別ですが。

こういうサイトは、いまだに純度91・67パーセント（いわゆる22金）の合金金貨であるアメリカンイーグルやクルーガーランド金貨にこだわっている、アメリカや南アフリカ造幣局に遠慮しているのでしょうか。あるいは、手持ちの22金貨を早く売り捌《さば》きたいとかの事情もあるかもしれません。クルーガー金貨の場合、金1トロイオンス分をふくむ純度91・67パーセントの合金にしているため、実際の重量は34グラムと他のトロイオンス貨に比べて約1割重くなっています。値段の目安が付けやすい点では良心的ですが、何十枚、何百枚と蓄積すると、余分な重さを貯めこんでしまうことになります。

結局、合金にするのも、鋳造年ごとに図柄を一新するのも、それだけ評価がしにくくなり、にせものが紛れこむすきをつくることにもなると思います。すでにご説明した各国金貨の特徴をご理解いただいた上で、純度が高く、図柄の安定した金貨を着実に積み増しして行かれることをお勧めします。

日本はほんとうに治安のいい国ですから、かなり大量の金貨を自宅に置くことも可能です。新築や床暖房を入れる改修工事の際に、土台にボルト溶接した据え置き型金庫を設置しておけば、簡単に盗まれることはないでしょう。また、「まず家を全焼させてから、ゆっくり取りに来よう」などという荒っぽい強盗団が出現するのも、今後20～30年を見とおしてもありそうもない事態です。

海外移住の予定もなく、お住まいの新築や改修の予定もない方は、日本の信頼の置ける倉庫業者（金融業者ではなく）の貸金庫に保管するのが安全だと思います。ただ、保管できる量には限度があります。海外の貴金属特化型貸金庫を真剣に検討するほど巨額の金を保有されている方々には、スイスの保管業者よりフィンランドの保管業者がお勧めです。スイスは、すでにご説明したように、今後金融業界が大激震に見舞われる可能性が高いからです。

第5章

金を買う資金がない人に

もう金融資産への投資は、手遅れです

今さら、投資によって一挙に資金拡大を狙っても、手遅れの可能性が高いことは、第2章から第4章で申し上げてきました。ひとこと補足しますと、「そんなに世界経済の崩壊が確実にやってくるのなら、カラ売りから入ればいいじゃないか」という発想はとても危険だということです。カラ売りとは、特定の株なり、商品なりを、将来の一定の時期にいくらで売ると約束することです。最近は株価指数とそっくりの値動きをするETFを使って、株価指数のカラ売りもできるようになりました。

もちろん、約束の期日に安くなっていれば、安く買って高く売ることになるので、その場で利益が出てめでたし、めでたしとなります。逆に、もっと値上がりしてしまったら、その時点で高く買って安く売って、損失を確定する（これを踏み上げ買いと呼びます）か、期限を延長して予想どおり安くなるのを待つかになります。

カラ売りをするときには、対象となる株や商品がこと志と反して高くなってしまっても、きちんと決済できますよという証拠の資金を入れておくわけですが、高くなってからもカラ売りポジションを持ちつづけるには、追加の証拠金を払わなければなりません。これを

追い証と呼びます。何度か追い証を払いながら、カラ売りポジションを維持するのは、経済的な負担が大きいだけではなく、精神的な疲労も蓄積するつらい作業です。

株を買えば、最大の損失はその株の買い値です。株価がまったく無価値に下がったとしても、紙くずとして捨ててしまえば、それ以上の損失はありません。ところが、カラ売りの最大損失は無限大です。株価はいくらでも高くなりうるし、カラ売りのポジションを清算するときには高くなった株価で買って、約束どおりの価格で売らなければならないからです。

カラ売りには追い証請求に応じられずに、大きな実現損を出して売りポジションを解消したとたんに、予想どおり暴落が始まる危険が大きすぎます。株価は、究極のところ理屈に合った動きをします。ですが、その「究極」というやつが明日来るかもしれないし、20～30年待たなければ来ないかもしれない、なんとも厄介に伸び縮みする魔物なのです。これが、不本意なまま終わった私の証券アナリスト人生で得たほとんど唯一の教訓です。

私は、一般論として、金融市場に頼らなくても困らないほどすでに資産を蓄積された方以外には、金融市場で資産を拡大する方針はお勧めできないと思っています。ウォーレン・バフェットという成功者ひとりの陰に、少なくともバフェット同様保守的で堅実な投資戦略を維持しながら、一時的な資金不足で市場から退場しなければならなかった人たちが数千人、数万人といるはずです。

　ましてや、今は大変な激動期です。私は500年に一度の大転換期と信じています。そこまで大きくはなくても、少なくとも1930年代大不況以来の転換期であることは、ほとんどの経済金融関係者が認めているでしょう。前回は、莫大な資金を調達して巨額の設備投資をした一握りの大手製造業者に経済を牽引する力が集中していく転換期でした。今回は、一握りの巨大資本から、無数の中小零細資本のサービス事業者に経済を牽引する力が分散していく転換期です。

　金融業界は、自分たちの握る経済権力が縮小していくという自明の成り行きに、必死に抵抗しています。昔どおりの「莫大な金額の資金調達をして大型の設備投資をした企業が勝利者になる」という経済をいつまでも維持したいからです。結局は、ムダな抵抗に終わるでしょう。もう、「どんな所得水準でも必ず1世帯にひとつはほしい」商品が存在しなくなってから、少なくとも20年、いやおそらく30年は経っています。

　需要がこれだけ分散した社会で、供給だけがいつまでも一握りの巨大資本で対応できるわけがありません。ですが、巨大資本による莫大な金額の資金調達があるからこそ、豊かな生活を維持できる金融業界の人たちは、次から次に一見魅力的な金融商品をくり出して、このムダな抵抗を続けるでしょう。

ふつうの生活をしている消費者にとって、まず最大の資産防衛策は、こうした「魅力的な」金融商品に引っかからないことです。あえて生活者ではなく、消費者と言ったのは、これから人類が経済成長を続けるのに必要不可欠な条件が、身体的、精神的、心理的な理由で生産的な労働ができない方でも、引け目を感じることなく最大限の消費力を発揮できる社会にしておくことだと思うからです。

消費も投資も、経済を牽引しますが、今起きている経済激動は、明らかにその主役が投資から消費に交代しつつあることに発する混乱であり、この交代を推進する勢力と抵抗する勢力との激突です。この激動の中で、どうしたら自分の持つ人的資本を失うことも、目減りさせることもなく、むしろ拡大していけるかについて、お話ししていきましょう。

生きているかぎり、だれもが大きな資産を持っている

「もう金融資産を拡大する時代は終わった。防衛する時代だなんて言われても、資産なんてこれっぽっちも持ってないよ」とご不満の読者もいらっしゃるでしょう。しかし、だれもが資産を持っています。わかりやすいのは、働いておカネを稼ぐ力、つまり労働力です。

ただ、これは残念ながらお持ちでない方もいらっしゃいます。ちょっとわかりにくいのが、

生きているかぎり使いつづける力、消費力です。これはだれもがお持ちです。

ここで白状しておかなければいけないことが、ひとつあります。「どうしたら、生きている人たち全部の消費力を最大限に発揮できるのか。そのためにどんな社会的な仕組みをつくれば、公正でより豊かな社会を築くための消費力を全開させることができるのか」といった議論は、残りの部分をお読みいただいてもほとんど出てきません。私自身が不勉強なため、試案程度のことさえ思い浮かばないからです。

どんな世の中になっても絶対に損をしない投資は、自分の労働力、消費力を高めるための人的資本への投資でしょう。そこを、労働力を高める話に終始して消費力を高める話をしないのは、まさに片手落ちです。ただ、労働力を高める話ばかりをするのは、私の不勉強さのためでして、決して消費力を軽視しているわけではないことは、申し添えておきたいと思います。

話題を労働力という形を取った人的資本に絞るに当たって、まず押さえておきたいのが、ふつうの人間にとって労働力とはどの程度の価値があるものかという点です。山崎元さんと水瀬ケンイチさんの共著で『ほったらかし投資術――インデックス投資実践ガイド』(2010年、朝日新書)という本があります。代表的な株価指数を徐々に蓄積していくことが資産拡大の要諦だと主張していらっしゃる本で、私には大暴落とその後の20年以上続く長期低迷に対する備えがなく、楽観的過ぎると思えます。

ただ、77ページに出ている「若者と高齢者の人的資本と金融資産の関係」という棒グラフに見立てた模式図は、必見です。若者は、すらっとした8頭身の上に、あたまとほぼ同サイズの預金約1割、株式約1割が縦に乗っていて、全然窮屈な感じはしません。一方、高齢者は預金約3分の1、株式約3分の1に押しつぶされそうになってしまった人的資本がいちばん下の約3分の1で、なんとも窮屈そうです。金融資産ほぼゼロの私としては「せめて、両方とも金融資産の下駄を履いて立っているように作図すれば、高齢化がこんなに圧迫感のあることには見えないだろうに」と思ってしまいます。

でも、この図に出てくるように大きな金融資産を蓄積された高齢者の方々が「そろそろ人生からの旅立ち」をお考えになると、けっこうこの模式図の位置取りは、心象風景を正確に反映しているのかもしれません。金融資産は一代で遣いきってしまわれるのか、どなたかに遺産として相続していただくのか、だとすればどう配分すればいいのかなど、いろいろ思い悩み、頭を押さえつけられたような圧迫感があるのでしょう。

そして、この図を見ているうちに、次々に湧き上がってくるのは「なんだ！　別に金融資産など貯めこまなくても、豊かな人生を送る方法はいろいろあるじゃないか」という思いです。たとえば、金融資産は全然大きくせずに、毎年着実に稼ぐ力を5パーセントずつでも向上させていったら、金融資産でかなり大きな利回りを達成するより生涯所得は大きくなりそうです。あるいは、体力や持久力が低下し、注意力が散漫化しても価値が低下しない、高齢化による劣化に耐える人的資本を若いうちから培っておくといったことです。

人的資本を高める努力のうちでいちばん効率が悪いのは、高学歴を取得して、社会的地位も高く、安定して高収入が得られる著名大企業に就職することでしょう。「いや、戦後復興期には、あるいは高度成長期にはそれがいちばん賢い人的資本投資だったからこそ、みんな血眼になって受験戦争に突撃していったのだ」とおっしゃる方もいます。でも、一応は経済学という「希少性の科学」を学んだものとしては、「大勢が群がるところに賭けるほど、勝ったときの配当が低く、負けたときの損失が大きいのは当たり前じゃないか」と思ってしまいます。

とくに高齢化による人的資本の劣化を防ぐという意味では、官公庁や大企業への就職は最悪だと思います。たとえば、キャリア官僚の場合、同期で官僚としては最高の地位である事務次官がひとり出たら、全員役所からは引退して天下り先に行かなければならないといった不文律がありました。

ひょっとすると今でも同じかもしれません。しかし、天下りした元官僚のコネで既得権益を守ってもらうことに大きな意義を見出しているような大企業、基幹産業は軒並み斜陽化しています。また、天下り官僚に高給を払っているような企業にかぎって、若手社員たちは残業手当なしの長時間労働を強いられてブラック職場化していたりするのです。会社や組織に頼らずに金を稼ぐための人的資本を拡大しておくべき若いうちに、そういう職場で体力も精神力もすり減らされてしまうのは、大変な損失です。

パフォーマーの仕事は恥をかくこと

高齢化しても劣化しない人的資本を培うなどというと、どうしても芸を磨くとか、技を鍛えるとか精神論的な方向に行きがちです。それに真っ向から反論しているのが、堀江貴文さんの書かれた『99％の会社はいらない』（2016年、ベスト新書）です。「マスコミでもなく、口コミでもない、ネットコミというべきものが普及した現代社会では、マイナー指向でも全世界に発信すれば巨大な支持者＝需要家を開拓できる。そのためには、磨くとか鍛えるとかの努力より、自分が好きなことに徹底的にハマり、おぼれることが重要だ」と主張しています。たしかに、世間的には無名だけれども、さまざまなSNSを通じて、熱狂的なファン層を獲得して、広告料収入だけで年収数千万円というような人たちが出てきています。

この傾向は、そもそも人間の趣味や嗜好が多種多様なものである以上、ごく自然な成り行きであり、歓迎すべきだと思います。たとえば、ギターを弾く手振りや身振りをするだけのエアギターとか、音楽に合わせて指をはじき鳴らすこととかが、ユーチューブなどで多くの視聴者に支持される中で、広告料のつく「芸」となる。当人が始めたころは、まったくそれで食べていこうなどという意思はなくても、後に続く人たちのために大きな市場を切り開いたといった事例は数え切れないほどあるでしょう。

こうして、「好きこそものの上手なれ」という古いことわざに「上手にさえなれば、ほとんどどんな芸でもそれによって食べていくチャンスはある」という新しい意味が、付け加わったわけです。世界中で99パーセントの人が無関心だったり、「それがどうだっていうんだ?」という態度だったりしても、残る1パーセントが支持してくれれば7000万人のファンがついていることになる。賛否いろいろですが、こういう状況をつくり出す上で、SNSが果たした役割が絶大だったことは認めるべきでしょう。

ときには大企業に成長するような事業が「ハマっていたら、いつの間にか商売になっていた」という軽いのりで出現するものなら、始めからマイナーかつ低収入を覚悟している人の多い、サブカルの分野ならもっとお気軽かというと、正反対なのが世の中のおもしろいところです。大槻ケンヂさんのお書きになった『サブカルで食う――就職せずに好きなことだけやって生きていく方法』(2012年、白夜書房)は、昭和軽薄体的なタイトル・サブタイトルにもかかわらず、中身は非常にまじめな本です。

書き出しは「背広着てネクタイ締めてという仕事はできそうもないから、好きなことだけして生きていきたいなあと思う人たちのために自分の半生をモデルケースとして提示する」と、まあ穏当になっています。ところが、そこから先が難行苦行の連続です。「表現活動を仕事にして生きていくために必要な条件は、才能・運・継続です。アハハ、根性論かよって感じですが、ほんとうにこの3つが中心になります(同書、18ページ)」。

そして継続のためには情熱が必要なのですが、結局のところ、情熱はサブカルで飯を食っていくために必要な、3条件のうちのひとつに過ぎません。ほかのふたつは以下のとおりです。ほとんど手段を選ばず、15万円の月収を確保すること。自分学校で自学自習すること。どうです? もちろん進んで選び取るわけでもないでしょうが、マイナーで低収入の仕事を覚悟している人たちの労苦は、大変なものだと実感がこみあげてきませんか。

それだけ苦労をしてマイナーで低収入の仕事を続ける人たちには「どうしても表現したいこと」や「これだけは譲れない価値観」があるわけです。そういう大前提を押さえた上で、作詞もやり、小説やエッセイも書く大槻さんはいろいろノウハウを教えてくれます。たとえば、やみくもにグルグル書店を回っていると、本棚の中で「俺を読んでくれ」と光っている本がある。これは、私も自分では興味がないと思いこんでいた分野でおもしろい本に巡り会う唯一の方法じゃないかと思います。

あるいは、小説は他の作家の小説をいくら読んでも書けないが、エンタメ系のプロットのきっちり構築された映画を大量に見ていると自然に書ける。収拾しようもないほど大風呂敷を広げてしまっても、なんとか収拾はつく。文章の筋をつなげようとせずに、ひとつひとつの文章をパズルのピースに見立てて、どうすればうまく収まるかと順序を入れ替えたりすると、不思議なほど収まるところに収まるものだといった、非常に実用性の高い著作術です。

でも、やっぱりこの本の極めつけは、「表現者の仕事は恥をかくことである」と喝破《かっぱ》したところでしょう。これは、橘玲《あきら》さんが『臆病者のための株入門』(2006年、文春文庫)で「投資家の仕事は損をすることである」とおっしゃったのと並んで、日本人著者による仕事に関する2大名言だと思います。

ダメを出される仕事、「向いていない仕事」が自分を必要としている

でも、大槻さんがいちばん長く情熱を傾けてきたのは、やはりロックバンド筋肉少女帯

のリーダーとしての活動です。そこで大槻さんが強調しているのは、プロの表現者である以上、ダメ出しとの駆け引きは欠かせないということです。若いころは、ダメ出しが出るたびに「それじゃあ俺の言いたいことが伝わらない」とか怒り狂っていても、だんだん経験を積むにつれてどんなにでたらめに見えるダメ出しでもそれに対応することによって、自分らしい表現が損なわれるのではなく、自分の表現の幅が広がると思えるようになるそうです。

そして、「逆に何のダメ出しもなくスルーッとオッケーが出ちゃった時の方が『ええーっ、いいんですか？』って思うようになりますよ（サブカルで食う、１２１ページ）」とのことです。全然若くないのに、ダメ出しが入るたびに「それじゃ自分の主張が伝わらない」と思い、ダメ出しが入らずに出版できた本は「完成度が高かった」とうぬぼれていた私は、まったく表現者失格ですね。きっと、編集者が「もっと良くしたい」という情熱を持てなかった凡作だったのでしょう。

ヤマザキマリさんは、風呂愛で結ばれた日本人と古代ローマ人の交流を描いた長編漫画『テルマエ・ロマエ』で大ブレイクしました。絵画の勉強のために留学していたイタリアで、まったく生活力のない恋人とのあいだにできたお子さんを妊娠して４カ月という時期に、精神科の病院に入院しなければならないほど、精神的にも金銭的にも苦しい生活をしていました。そして、シングルマザーとして日本に帰ってからは、とにかく生きていくためにさまざまな仕事をしてきたことが『仕事に縛られない生き方』（2018年、小学館新書）に淡々と語られています。

その中で、あまり上手に描けないと思いながらやってみた漫画だけは、少女漫画誌の懸賞に応募したらいきなり処女作が採用されたということで、順風満帆に見えます。ところが、風呂を舞台にするというより、風呂が主人公の長編漫画というのは前代未聞ですし、最終的には当初のアイデアのまま漫画誌連載にこぎつけるまでに、大変な紆余曲折があったようです。古代ローマ人が浅草のベンチャー企業の社長になるとか。古代ローマに怪僧ラスプーチンが出没するとか。からっと明るいイタリア風なラブロマンスにするとか。

結局全部ボツになって当初の構想で書きはじめるわけですから、ずいぶん回り道をさせられたと憤慨していたかと思うと、全然そうではなかったところがやっぱり大ヒットを飛ばす人の器の大きさを示しているのでしょう。「新しい提案をされては、また描き直し、そのたびに自分が何をどこまで描けるのかを試されていく。それはそれで面白い漫画を考える修行みたいなものだと思っていたのでまったく躊躇《ちゆうちよ》はありませんでした。むしろ楽しんでいたくらいです（同書。168ページ）」とおっしゃるのですから。

「これでもない、あれでもないと波を選んでいたら、飢え死にしてしまいます。今なんとなく自分に乗れそうな波が来ているのなら、思い切って挑戦してみればいい。その時に必要なのは、潮目を読む力です。『自分にはこれしかない』とあまりに思いすぎると、せっかくいい波が来ているのに、見逃しちゃうことだってあると思う。才能があるとかないとか、好きとか嫌いみたいなことは、そのあとの話です（同書、288ページ）」。

人間、人生で一度くらいは「これは俺に向いた仕事だ」とか「向かない仕事だ」とか、「好きだからやる」とか「嫌いだからやらない」とかぜいたくを言えない境遇に追いこまれるほうがいいのかもしれません。そうでもなければ、自分では嫌いだとか、才能がないと思いこんでいた仕事を否応なく引き受けることはできないでしょう。ただ、そういうチャンスでもあるピンチは、できることならなるべく若いうちに迎えたいものだと思います。

森博嗣さんは、40代目前まで国立大学で理科系学部の助教授として、まさに寝食を忘れるほど研究に没頭されてきた方です。小学校では国語がいちばん不得意だったし、小説はめったに読まないとおっしゃる森さんが、あるとき突然かなり大きな資金が必要になって、売れる小説を書こうとして書かれた小説がいきなり大ヒットし、その後も順調に著作活動を続けていらっしゃいます。

ご当人がお読みになったらとんでもない誹謗中傷《ひぼうちゅうしょう》だとお怒りになるでしょうが、波瀾万丈の人生を送っているヤマザキマリさんと比べると、無色透明無味無臭、実験室のビーカーの中の蒸留水のような静謐《せいひつ》きわまる人生を送ってこられたように見えます。その森さんが、『「やりがいのある仕事」という幻想』（2013年、朝日新書）という人生相談書の中で、ヤマザキさんとまったく同じように「人間は自分が何に向いているかについて、だいたいわかっていない。むしろ自分には向いていないことを、向いているように思いこむものだ」と書いていらっしゃいます。

それとともに森さんが強調するのは、たとえモラトリアムの延長でもなるべく長く学生時代、大学院生時代を過ごすほうが人生の通算では得なので、境遇が許すかぎり勉学のための期間を長くすべきだということです。これは、いわゆる学歴尊重志向とはまったく違う、学ぶこと自体の重要性の主張です。

ここからは私の邪推です。森さんが30代末になって巨額の資金を必要とされたのは、おそらく実物大に近いような巨大な鉄道模型か、逆にものすごく小さくて精密な鉄道模型を創りたくなったからではないでしょうか。

そして、この模型制作という長続きする熱狂に出会われたのは、学生か大学院生時代だったのだろうと思います。学生時代の長期化は労働力の向上だけではなく、消費力の向上にも役立ちます。森さんの場合、高まった消費力を満たす方法として思いつかれたのが、なるべく大勢の人に読まれて、高額の印税が入ってくる小説を書くことだったのでしょう。

その結果、「予想外にこれが儲かった。『とんでもなく』といっても良い額だった。国家公務員の三十倍くらいの年収が十年以上も続いた（同書、87ページ）」というのですから、まさにハッピーエンドです。「研究は整然とイーブンペースでやっているときにいちばん成果が上がる。締め切り間際になってドロ縄でやってもうまくいくはずがない」とおっしゃる森さんにとって、「資金が必要だから、あまり得意とは思わなかった小説という分野で売れる作品を書く」というのは、人生最大の跳躍だったでしょう。

その過程で、編集者によるダメ出しにどう応ずるかといった葛藤はなかったようです。でも、とにかく「カネ目当ての犯行」ですから、ひたすらどう書けば読者を楽しませることができるかに徹して、大きな成功を勝ち得たわけです。人的資本への投資でいちばん大事なのは、自分に向いた仕事、向かない仕事、できる仕事、できない仕事といった枠をはめずに、何でもやってみることなのでしょう。

企業や組織に頼らない生き方を

人間は自分で能力や適性を限定してしまわないかぎり、どんな境遇に置かれていても、そしていくつになっても人的資本を拡充することはできます。そして、インターネットの普及は、従来であればなかなかビジネスにならなかったような小さなニッチでも、世界を相手にすればビジネスとして成立させることができる環境を創出しました。

さらに、今後少なくとも6~7年は続きそうな世界経済の混迷は、巨大企業の破綻と、今まで事業として確立されていなかった分野での中小零細企業の勃興を促進します。今までどおりの企業、産業、国民経済を墨守しようとする国々が没落し、新しい企業、産業、国民経済を模索する国々が隆盛します。

その中で、私の申し上げたいことは極めてシンプルです。すでに金融資産をお持ちの方は、なるべく金に換えるか、円の現金として持つようにする。まだ金融資産をお持ちでない方は、今さら金融資産を蓄積するよりは、人的資本の拡充に力を注ぐ。その人的資本は、企業や組織の中でしか発揮できない技能や知識の習得より、企業や組織に頼らなくても発揮できる技能や知識の習得に振り向けるべきです。

おわりに

この本は、２０１１年に東洋経済新報社から上梓させていただいた『危機と金』という拙著をアップデートする企画として始まりました。当初は、データの更新にともなう手直し程度でいいだろうという甘い見とおしで書き直しはじめたのですが、途中でまったく違う本にすべきだと考えを変え、ＷＡＣ編集部の佐藤幸一さんにも締め切りの日延べなどお願いして、ご迷惑をおかけしました。

理由は３つあります。１つ目は貨幣の世界にビットコインをはじめとするデジタル暗号通貨が登場して、まったく違う世界が開けつつあることです。２つ目は、弥縫《びほう》を重ねてきたアメリカ経済が本格的に崩壊の兆しを見せ始めたことです。３つ目は、アメリカ国民が40年以上も金の保有、取引、輸出入を禁じられてきたことのとがめが、さまざまな分野で噴出しはじめたことです。

今、アメリカでは２０２０年大統領選におけるかなり大きな不正投票・不正開票疑惑を完全に黙殺したまま、民主党のジョー・バイデン候補が２０２１年1月20日を期して大統領に就任しました。残念ながら世界中の大手メディアは、民主党リベラル派こそ、世界の経済権力を掌握する一握りの巨大資本の代弁者であり、本気で中国との貿易戦争を推進し、中東・アフガニスタンからの撤兵を企てたトランプこそ、民主党リベラル派・共和党保守本流双方に反逆するアメリカ大衆の味方だという事実を隠蔽しています。

ですが、どう覆い隠そうと、バイデンの経済政策がますます巨大資本を肥え太らせ、大衆を貧困化させることは、すぐに露見するでしょう。激化し続けたアメリカの政治対立が、教養ある左派と民族的・性的マイノリティ対無知蒙昧な白人至上主義者のあいだで戦われてきたという叙述が、事実とまったく違うことも明らかになります。

実体経済の低迷とかけ離れた金融市場の活況こそ、民主党リベラル派を隠れ蓑としてアメリカ巨大資本が意図的につくり出した状態だとわかったとき、虚構の繁栄を謳歌していたアメリカ金融市場に激震が走ります。そこからは、長期にわたる株、債券、市況商品の価格暴落と、大手企業の破綻が続きます。資産防衛を目指す資金がいっせいに、時の腐食を受けず、代理人リスクも取引相手リスクもない金に集中するでしょう。

末尾になりましたが、私が金山経営に関するいくばくかの知見を得たのは、金融業界を飛び出たあと、日本で唯一の金山経営専業会社、ジパングの確立に奮闘していた松藤民輔氏によって同社に勤務する機会をいただいたおかげです。ジパングの起業については毀誉《きよ》褒貶《ほうへん》相半ばするところですが、松藤氏の金山経営に懸けた情熱には、疑問の余地はありません。

壮途半ばで仆《たお》れた松藤民輔氏の霊にこの小著を捧げます。

２０２１年正月下旬の吉き日に

増田　悦佐

増田悦佐（ますだ・えつすけ）
1949年東京都生まれ。一橋大学大学院経済学研究科修了後、ジョンズ・ホプキンス大学大学院で歴史学・経済学の修士号取得、博士課程単位修得退学。ニューヨーク州立大学バッファロー校助教授を経て帰国。HSBC証券、JPモルガン等の外資系証券会社で建設・住宅・不動産担当アナリストなどを務めたのち、株式会社ジパングにてエコノミスト・アナリストを兼任。経済アナリスト・文明評論家。
主著に『クルマ社会・七つの大罪』、『奇跡の日本史――花づな列島の恵みを言祝ぐ』、（ともにPHP研究所）、『戦争とインフレが終わり激変する世界経済と日本』、『日本人が知らない　トランプ後の世界を本当に動かす人たち』（ともに徳間書店）、『いま、日本が直視すべきアメリカの巨大な病』（WAC）、『新型コロナウイルスは世界をどう変えたか』、『投資はするな！　なぜ２０２７年まで大不況はつづくのか』（ともにビジネス社）、『米中貿易戦争　アメリカの真の狙いは日本』（コスミック出版）などがある。
ブログ『読みたいから書き、書きたいから調べる――増田悦佐の珍事・奇書探訪』、
etsusukemasuda.infoを主宰。ぜひのぞいてみてください。

やはり金《きん》だ

2021年２月28日　初版発行
2021年３月12日　第２刷

著　者　増田 悦佐

発行者　鈴木 隆一

発行所　ワック株式会社
東京都千代田区五番町 4-5　五番町コスモビル　〒 102-0076
電話　03-5226-7622
http://web-wac.co.jp/

印刷製本　大日本印刷株式会社

ISBN978-4-89831-833-1